Las **100 reglas de oro**
del método
Montessori

EDICIÓN ORIGINAL
Dirección de la publicación: **Isabelle Jeuge-Maynart** y **Ghislaine Stora**
Dirección editorial: **Aurélie Starckmann**
Responsable de edición: **Bethsabée Blumel**
Cubierta: **Véronique Laporte**

EDICIÓN PARA MÉXICO
Dirección editorial: **Tomás García Cerezo**
Gerencia editorial: **Jorge Ramírez Chávez**
Traducción: **Jordi Trilla**
Adaptación: **Diego Cruz Hernández**
Adaptación de portada: **Nice Montaño Kunze**
Coordinación de salida y preprensa: **Jesús Salas Pérez**

D.R. © MMXXI Ediciones Larousse, S.A. de C.V.
Renacimiento 180, Col. San Juan Tlihuaca,
Azcapotzalco, México, 02400, Ciudad de México

Primera edición - Segunda reimpresión

ISBN: 978-607-21-2468-4

Impreso en México — *Printed in Mexico*

En Hachette Livre México usamos
materias primas de procedencia
100% sustentable

JEANNE-MARIE PAYNEL
VIOLAINE PERRAULT

Las **100 reglas de oro**
del método
Montessori

LAROUSSE

Contenido

Los fundamentos de la pedagogía Montessori

Antes de abordar la aplicación del método Montessori en la escuela y en casa, es importante comprender su origen. Años de investigación, observaciones y experiencias permitieron a Maria Montessori establecer una sólida base teórica, que dio lugar a la filosofía Montessori tal y como la conocemos hoy.

1. ¿Sabías que el método Montessori es obra sobre todo de una mujer?

Maria Montessori escribía con humildad: «No inventé ningún método educativo, sólo di a unos niños la oportunidad de vivir».

Una mujer apasionada y adelantada a su tiempo

Maria Montessori nació en 1870 en Italia. Era la hija única de un militar y contador y una maestra y, desde la infancia, se apasionó por las matemáticas y la ingeniería. A pesar de la oposición de su padre y las reticencias de un entorno mayoritariamente masculino en aquella época, cursó estudios de medicina en la Universidad de Roma.

Fue así como se convirtió en una de las primeras mujeres que obtuvieron el título de medicina en Italia y una de las pocas en Europa.

Al finalizar los estudios, trabajó en un departamento de psiquiatría dedicado a la infancia, lo que resultó decisivo en su formación e implicación posterior. Rodeada de niños rechazados y más lentos de lo normal, tomó conciencia de todo su potencial, siempre y cuando se les pudiese ofrecer la oportunidad de adquirir los conocimientos esenciales. Más adelante, estudió antropología, psicología y pedagogía.

Maria Montessori recorrió el mundo para divulgar sus ideas y su visión de la infancia y de la educación, que, según ella, era la única respuesta para lograr la paz en el mundo.

Muchas personalidades, como Alexander Graham Bell, Thomas Edison, Sigmund Freud, Bertrand Russell, Jean Piaget, Mahatma Gandhi, Helen Keller y Anne Sullivan (entre otros), reconocieron el carácter innovador del método educativo de Maria Montessori.

Maria Montessori murió en Noordwijk aan Zee (Países Bajos) en 1952, tres meses antes de cumplir 82 años. En su tumba se puede leer la siguiente inscripción: «Ruego a los niños, que todo lo pueden, que se unan a mí para construir la paz del Hombre y del mundo».

2. Defensora de los derechos de las mujeres

La Dra. Montessori no fue sólo educadora, sino también física, científica, filósofa, feminista y militante del altruismo y la paz en el mundo.

Durante su educación, Maria Montessori tomó conciencia de las injusticias que sufrían las mujeres y los niños, por lo que decidió emplear todas sus energías para defenderlos.

Fue una de las primeras defensoras de los derechos de las mujeres y, en particular, de los de las madres trabajadoras. Militó también por el derecho de voto de las mujeres, pero tuvo que esperar cincuenta años antes de que fuese autorizado, en 1945, en Italia.

A los 26 años, Maria Montessori se convirtió en vicesecretaria de la Organización de las Mujeres de Roma, un grupo de sufragistas, y fue elegida para representar a Italia en el Congreso Internacional de las Mujeres en Berlín. Durante esa conferencia, expresó sus ideas sobre los derechos de las mujeres, con lo que obtuvo los elogios de la prensa internacional.

En 1899, participó de nuevo en el Congreso Internacional de las Mujeres, esta vez en Londres, donde denunció el trabajo infantil en Sicilia, en un discurso que fue muy bien acogido porque evocaba el sufrimiento y las condiciones difíciles de las maestras.

En 1934, se dio cuenta de que su visión de la educación pacífica se oponía a las intenciones del líder Benito Mussolini y decidió abandonar Italia y su régimen fascista. Pese al entusiasmo que despertaron sus escuelas, decidió cerrarlas, porque se negó a que los niños llevaran uniformes e hicieran el saludo fascista, como exigía el Duce.

Su única opción fue huir a España, que se encontraba a las puertas de la guerra civil. Pero, desgraciadamente, la historia se repitió, y ella y su familia tuvieron que huir del régimen franquista en un barco de guerra británico rumbo a Londres.

En 1939, fue invitada a la India por la Sociedad Teosófica de Madrás (actual Chennai) como conferencista. Aunque había huido de su país de origen, fue considerada enemiga de la India, en aquel entonces colonia británica, y fue condenada a arresto domiciliario. Mario, su hijo e intérprete, quien la había acompañado, fue encarcelado por la misma razón y no fue liberado hasta que su madre cumplió 70 años. En la India, Maria siguió escribiendo, enseñando y pronunciando conferencias.

Según Maria Montessori, era necesaria una reforma radical de la educación para lograr un mundo mejor. Su objetivo era poner a los niños en el centro de la sociedad para que pudieran ser más atentos, determinados y felices. Dedicó su vida a la causa de la infancia, y sus valores pedagógicos han sido adoptados por muchas escuelas Montessori en todo el mundo.

En 1949, en Francia, Maria Montessori recibió la Legión de Honor de manos del entonces presidente del Gobierno, Léon Blum. Fue nominada tres veces para el premio Nobel de la Paz.

3. Maria Montessori, médica y madre

En 1897, Maria mantiene una relación con Giuseppe Ferruccio Montesano (1868-1951), compañero y colaborador próximo de la universidad, y queda embarazada. Además de los numerosos obstáculos que ello suponía en aquella época, teme perder su libertad y decide no casarse con el padre de su hijo.

La pareja se promete fidelidad y decide dejar a su hijo a cargo de una familia que vive en el campo, cerca de Roma. Más tarde, a Maria se le partirá el corazón cuando Montesano se casa para formar una familia con otra mujer.

Mario Montesano Montessori nace el 31 de marzo de 1898. Su madre lo visita con regularidad sin revelar su identidad hasta que su hijo es un adolescente.

Cuando este descubre quién es verdaderamente su madre, decide acompañarla en sus viajes y se convierte en su principal colaborador, intérprete y defensor de su método educativo. Publica sus propios libros sobre el método Montessori y da un nieto a su madre, Mario Jr., de quien procede la famosa cita «Ayúdame a que lo haga solo».

Hoy, la historiadora Carolina Montessori, uno de los once bisnietos de Maria, dirige los archivos de Maria Montessori en la sede de la Asociación Montessori Internacional (AMI), en Amsterdam.

4. Origen del método Montessori

Niños de los asilos y de la calle

Maria Montessori, en su etapa de joven médica, se interesa por la psiquiatría infantil y juvenil, campo en pleno desarrollo en aquel entonces.

En 1900, se convierte en directora de una escuela de ortofrenia, un instituto médico-pedagógico especializado en el estudio del desarrollo de los niños deficientes. Este centro, con sus clases laboratorio, formaba a los educadores en la observación y la educación de los niños con dificultades mentales.

«Ha nacido un nuevo niño»

Las investigaciones de Maria Montessori fueron influenciadas por los trabajos de los médicos franceses Jean Itard (1774-1838), famoso por sus estudios sobre la sordera y la educación de Victor, el niño salvaje de la región de Aveyron, y Édouard Séguin (1812-1880), discípulo de Jean Itard, pedagogo reconocido como uno de los primeros en interesarse por las necesidades especiales de los niños con deficiencias intelectuales.

Gracias a ellos, Maria Montessori orienta sus investigaciones hacia un enfoque científico de los aprendizajes basado en la observación y la experimentación. Los niños a los que se cuida se presentan a los exámenes de la educación nacional italiana y pueden llevar una vida normal, ante el asombro de la comunidad internacional. Así se origina su compromiso con la educación y el bienestar infantil.

En 1906, le piden que solucione el problema de los niños vagabundos de los barrios pobres de Roma. Al año siguiente, crea, en el barrio popular de San Lorenzo, la primera Casa dei Bambini («Casa de los Niños»). Maria Montessori encarga la fabricación de pequeños muebles adaptados a los niños e idea un material pedagógico parecido al que había utilizado con los niños deficientes. Así, constata que, en el ambiente apropiado de la Casa dei Bambini, los niños sienten el deseo natural de concentrarse y de trabajar; son sociables, comunicativos y felices. De este modo, Maria Montessori crea su «pedagogía científica».

La primera escuela Montessori se fundó el 6 de enero de 1907. Desde entonces, el interés por el método Montessori no ha dejado de crecer.

5. Particularidades de las escuelas Montessori

Desde la creación de la primera Casa dei Bambini en 1907, las escuelas Montessori no han dejado de multiplicarse. En la actualidad hay más de 20 000 escuelas Montessori en todo el mundo. Existen en todos los países y educan a niños y niñas de 3 meses a 18 años. A pesar de esta diversidad, todas siguen los grandes principios del método y de la filosofía Montessori.

Grandes principios

- Prioridad al respeto del ritmo de cada niño, sabiendo que cada uno tiene sus necesidades específicas y un deseo natural de aprender y comprender.
- Ambientes «preparados», diseñados para fomentar la actividad autónoma de los niños (organización de la clase, material y actividades pedagógicas específicas) según la edad.
- Aulas de edades mixtas, organizadas en función de los «planos [fases] de desarrollo» de los niños y no de su fecha de nacimiento: clases de los niños de 3 a 6 años, de 6 a 12 años y de 12 a 18 años.
- Libre elección de las actividades de los niños, siempre y cuando sus educadores se las hayan «presentado» previamente.
- Libertad de movimientos de los niños en la clase.
- Se anima a que el niño o la niña aprenda observando a otro niño o niña, siempre y cuando no lo interrumpa.
- Los educadores han seguido el plan de estudios de la pedagogía Montessori y están titulados.

El diploma de la Asociación Montessori Internacional (AMI) para los educadores es el más reconocido. Si deseas inscribir a tu hijo o hija en una escuela Montessori, recomendamos que te informes antes para asegurarte de que la escuela en cuestión respete la mayoría de estos principios.

6. Asociación Montessori Internacional

En 1929, Maria Montessori y su hijo Mario fundaron la Asociación Montessori Internacional (AMI) durante el primer Congreso Internacional Montessori, que se celebró en Dinamarca. Esta asociación tiene el objetivo de preservar la coherencia del método Montessori a nivel mundial.

En la actualidad hay 43 grupos afiliados a la AMI, y su número aumenta cada año. La sede de la asociación se encuentra en Amsterdam, en la última residencia de la Dra. Montessori. La asociación está formada por un consejo de administración y representantes de distintos países. Una vez al año tiene lugar una reunión general abierta al público que permite compartir nuevos recursos e informaciones.

Hoy, la AMI trabaja para que el método sea accesible a todos los niños; en especial, facilita el acceso a los cursos de formación, apoya el desarrollo profesional de los educadores Montessori, ayuda a las escuelas y programas Montessori, fomenta la investigación y mejora los recursos humanos, económicos y tecnológicos.

Es importante mencionar que el término «Montessori» —y, por tanto, el método pedagógico en sí mismo— no es una marca registrada. Así pues, existen numerosas asociaciones y grupos que ofrecen cursos de formación supuestamente auténticos. Esperamos que este libro te ayude a ver las cosas más claras a la hora de elegir una escuela para tu hijo, o de preparar simplemente una actividad.

El 29° Congreso Internacional Montessori se celebrará en Bangkok en 2022.

7. Grandes principios de una pedagogía multidisciplinar

El método Montessori se basa en las necesidades fundamentales propicias para el desarrollo del ser humano. Los materiales, los objetos didácticos y las lecciones desarrolladas por Maria Montessori, su hijo y otros colaboradores se basan en estos preceptos.

El método Montessori se ha ido construyendo desde hace más de un siglo a partir de la dilatada y meticulosa observación científica de los niños. Hoy, la neurociencia y la ciencia cognitiva han validado la mayoría de los principios que Maria Montessori identificó y utilizó.

Estos son los cuatro fundamentos principales del método Montessori:

- ⊕ la «mente absorbente»;
- ⊕ las «tendencias humanas» o necesidades básicas;
- ⊕ los «periodos sensibles», y
- ⊕ los «cuatro planos del desarrollo» del ser humano.

8. «El niño es una esponja»:
la mente absorbente del niño

Fundamento n.° 1 de la filosofía Montessori: el niño posee la extraordinaria capacidad de absorber todo. Es un descubrimiento importante demostrado por la ciencia, que recibe el nombre de «mente absorbente».

Una gran facultad de asimilación

Según la Dra. Montessori, el niño dispone de una gran facilidad para asimilar, impregnarse e interiorizar todo lo que hay a su alrededor, en especial desde el nacimiento hasta los 6 años. Maria Montessori lo utilizó como fundamento pedagógico para optimizar su método de aprendizaje. Allí donde el adulto debe realizar un esfuerzo para aprender, el niño absorbe la información sin ser consciente de ello. El estado absorbente es un estado inconsciente creativo. El cerebro del niño recaba toda la información sin efectuar una selección. Se califica como una «esponja» porque todas las experiencias están integradas: las buenas y las malas.

Existen dos fases:
1. Desde el nacimiento hasta los 3 años, el niño es un «aprendiz inconsciente».
2. Hacia los 3 años, se vuelve más consciente y sigue absorbiendo todo con pasión. Es un «participante consciente».

La «mente absorbente» permite que el niño se adapte a su tiempo, espacio y cultura, y asimile todo lo que compone su universo: las condiciones, los valores, los principios, las costumbres —sin ninguna discriminación—. Basándose en este principio, Maria Montessori comprendió la importancia de proporcionar al niño, desde una edad muy temprana, «un ambiente preparado» para satisfacer y responder a esa sed de aprender.

«¡La mente absorbente! Maravilloso don de la humanidad. Sin colaborar con su esfuerzo, sólo "viviendo", el individuo absorbe del ambiente un hecho complejo de cultura como es el lenguaje. [...] Es un fenómeno que permanece oculto en los misterios del inconsciente creador». (Maria Montessori, *Formación del Hombre*, 1949)

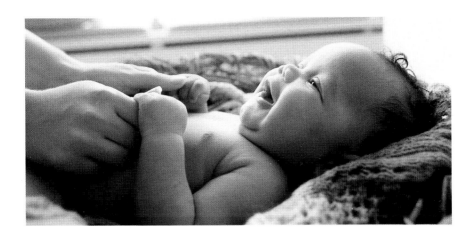

9. Las necesidades humanas

Fundamento n.º 2 de la filosofía Montessori: el ser humano posee ciertas predisposiciones que son universales, naturales e instintivas.

María Montessori, tras estudiar detenidamente estas características durante sus investigaciones observándolas en los niños, las incorporó en su enfoque pedagógico, en la creación de los materiales y en los ambientes preparados (organización del aula y elaboración del material pedagógico).

¿Cuáles son estas necesidades?

- **Necesidad de explorar:** la orientación, el movimiento, el orden, la curiosidad...

- **Necesidad de trabajar:** el tacto, la imitación, la repetición, la concentración, la exactitud, el autoperfeccionamiento...

- **Mente matemática:** la imaginación, la abstracción, el control...

- **Vida social:** la cultura, la comunicación...

- **Necesidad espiritual:** el arte, la música, la danza (expresión física), la espiritualidad...

10. Necesidad de explorar

Para adaptarse bien, el ser humano debe, ante todo, poder explorar el universo en el que evoluciona. Esta exploración es lo que se denomina una «tendencia humana», que no se puede refrenar, ya que es una guía interior que nos empuja a cada uno de nosotros a explorar y a adaptarnos a nuestra época y nuestra cultura.

Esta necesidad de explorar y orientarnos nos ha permitido desarrollarnos y sobrevivir en nuestro planeta.

El niño descubre, en primer lugar, sus propias capacidades, que le darán la libertad de explorar su entorno con mayor detalle. Una vez se es consciente de esta necesidad vital, se debe «preparar» un ambiente seguro y adaptado que el niño podrá explorar a su antojo. Podemos ayudarlo observándolo, guiándolo y preservando su seguridad y libertad, prestando atención para no convertirnos en un obstáculo para él.

Al principio, el niño va a explorar a través de sus sentidos, que están muy desarrollados en sus primeros años de vida y constituyen la clave que le permitirá comprender el mundo que lo rodea.

La orientación, el orden y la comunicación representan distintos aspectos de esta necesidad de exploración:

⊕ **La orientación nos permite relacionar los diferentes elementos** de nuestro entorno, así como categorizar y clasificar todo aquello que descubrimos.

⊕ **El orden aporta una estructura y constituye un importante factor de orientación:** cuanto menos orden, más energía debemos emplear para orientarnos. Por tanto, el orden es muy importante desde el nacimiento, ya que permite que los niños construyan un marco de referencia. Estos pasan mucho tiempo intentando orientarse en su entorno para comprenderlo y sentirse seguros en él. Por ello, en una casa o en un aula Montessori, todo está abierto a la exploración, pero con un gran sentido del orden y de la organización.

⊕ **La comunicación es una necesidad humana vital:** permite tomar parte en el orden social y expresarse en él. Tanto si es verbal como no verbal, oral o escrita, nos permite conectarnos con los antiguos, actuales y futuros miembros de la sociedad.

11. Necesidad de trabajar

El trabajo nos permite encontrar un sentido y un sentimiento de utilidad y pertenencia, ya que participamos y contribuimos en la vida de la sociedad. Un trabajo realizado con alegría aporta energía y resulta esencial para la supervivencia.

El niño trabaja en su propio desarrollo con la ayuda de la manipulación del material (una forma de exploración), la repetición (una experiencia), la exactitud (una forma de orden) y el autoperfeccionamiento. En el aula, el niño experimenta y manipula el material solo. Es un explorador sensorial activo que aprende haciendo y actuando por su cuenta. Se le presentan ciertos conocimientos, pero es libre de elegir su propio método.

«El hombre se construye trabajando, efectuando trabajos manuales, donde la mano es el instrumento de la personalidad, el órgano de la inteligencia y de la voluntad individual que labra su propia experiencia cara a cara con el ambiente. [...] es el instinto característico de la especie».
(Maria Montessori, *El niño. El secreto de la infancia*)

El niño intenta comprender continuamente cómo funcionan las cosas, repitiendo una acción hasta que la domina a la perfección, mientras se concentra en el trabajo de las manos.

El trabajo se suele asociar con un sentimiento de responsabilidad, aunque también de obligación. Sin embargo, si el trabajo se considera un modo de avanzar y perfeccionarse, se convierte en una verdadera necesidad humana.

Maria Montessori ha sido criticada a menudo por el uso que hace de la palabra «trabajo», pero para el niño, este término tiene el mismo significado que «jugar». El término «trabajo» se suele percibir de manera negativa en nuestra cultura, porque, etimológicamente, está relacionado con un instrumento de tortura (es el primer significado de la voz latina *tripalium*). No obstante, el niño es un trabajador incansable cuando se dedica a lo que le interesa, y esta necesidad y este deseo deben preservarse tanto como sea posible.

12. La mente matemática

La mente matemática es otra tendencia humana que se expresa mediante una necesidad natural de medir y calcular. Es una capacidad de analizar y precisar que guía al niño en su inquietud por adaptarse a la sociedad.

A lo largo de la historia, la mente matemática nos ha permitido contar, calcular y medir, y ha dado lugar a los conceptos de día y noche o de las estaciones, así como a las técnicas como la plantación o la cosecha. Los niños calculan y miden sin cesar. ¿Te has fijado en que a tu pequeño le encanta soltar objetos, una y otra vez? Simplemente, ¡está calculando y experimentando la ley de la gravedad!

La imaginación y la abstracción también son componentes de la mente matemática. Son herramientas destacables que nos diferencian de los demás animales. La imaginación nos proporciona la capacidad de crear aquello que nunca ha existido y de edificar complejas civilizaciones. La abstracción, por su lado, es la capacidad de pensar en algo que no vemos o de calcular sin necesidad de un material concreto.

Todos nacemos con una mente matemática, y es importante alimentar la del niño desde el nacimiento para que más tarde pueda tener la imaginación y la abstracción necesarias para adaptarse a su ambiente.

13. Vida social

Tanto si somos introvertidos como extrovertidos, somos seres sociales: necesitamos interactuar con otros seres humanos. Seguimos rituales y tradiciones culturales para integrarnos en la sociedad y responder a nuestra necesidad de pertenencia.

Nos agrupamos para trabajar en un proyecto común, en una vida social que incluye normas culturales y comportamentales.

Los niños de menos de 6 años prefieren trabajar de modo independiente, porque se encuentran en un proceso de construcción interior. El ambiente

Montessori está adaptado y pensado precisamente para satisfacer esa necesidad y su evolución.

A partir de los 6 años, los niños se interesan más por las actividades en grupo y crean fuertes vínculos sociales; se desarrolla la necesidad de vivir en comunidad, lo que permite instaurar la comunicación.

14. Necesidad de espiritualidad

Cuando las necesidades físicas primarias, como la alimentación y la seguridad, están cubiertas, se desarrollan las necesidades espirituales del ser humano. Este sigue unas costumbres y unos rituales, obedece a tradiciones a las que intenta encontrar un sentido, empieza a crear, a interpretar música, a iniciarse en el arte, el teatro, la literatura, la danza, el deporte...

El ambiente Montessori favorece el desarrollo espiritual de los niños, ofreciéndoles numerosas oportunidades creativas y la posibilidad de explorar y compartir muchas tradiciones culturales. Sin embargo, la espiritualidad se encuentra también en cómo está «preparada» el aula: un ambiente cuidado y ordenado donde se evoluciona con calma y serenidad, con gestos precisos y respetando a los demás... Todos estos detalles dan un valor espiritual a este ambiente, que responde así a una necesidad esencial, aunque a menudo olvidada o rechazada, pues se suele asociar sólo a la religión. No obstante, la espiritualidad se halla en todos los campos susceptibles de conectar el cuerpo con la mente.

15. Los periodos sensibles o «ventanas de oportunidad»

Los primeros seis años de vida constituyen una fase única de desarrollo y aprendizaje. El niño aprende a caminar y hablar, y realiza grandes progresos sin una enseñanza real, que se producen de manera inconsciente, en parte gracias a esta fabulosa «mente absorbente».

Además de este periodo crucial, Maria Montessori también describe la existencia de periodos intensos en los que el niño se muestra especialmente sensible y receptivo a ciertas actividades. A estas fases, las denomina «periodos sensibles del desarrollo» o «ventanas de oportunidad», es decir, momentos de gran curiosidad, acompañados de una extraordinaria facultad de concentración por parte del niño. Este, gracias a su sistema nervioso, puede centrarse en un tema y asimilar competencias específicas. Puede repetir un ejercicio de forma incansable sin que nadie lo anime a ello.

Maria Montessori recomienda a los adultos que observen el comportamiento y las actividades que elige el niño para identificar en qué periodo sensible se encuentra y ayudarlo a satisfacer esa necesidad de aprender.

Existen cuatro grandes «periodos sensibles»:
➕ el periodo sensible del **lenguaje**;
➕ el periodo sensible del **orden**;
➕ el periodo sensible del **desarrollo y del refinamiento de los sentidos**;
➕ el periodo sensible del **movimiento**.

Estos periodos sensibles universales son «ventanas de oportunidad» que permiten que el niño adquiera las herramientas para adaptarse, construirse a sí mismo y desarrollar su voluntad e inteligencia.

No aprovechar estos periodos sensibles es perjudicial
Siempre es posible aprender, pero lo que resultaba fácil e inconsciente durante el periodo sensible requiere un gran esfuerzo después. El aprendizaje de idiomas es el ejemplo perfecto. Se pueden aprender varias lenguas desde el nacimiento, pero, una vez que se es adulto, su adquisición se vuelve más difícil.

16. El periodo sensible del lenguaje
(desde la vida prenatul hasta los 6 años)

Hasta los 6 años, el niño se muestra extremadamente interesado por el sonido de las voces y el descubrimiento y el dominio de la suya. Un niño privado de lenguaje durante estos años puede sufrir ciertas lagunas.

Sin estimulación, los mecanismos del cerebro implicados en la adquisición del lenguaje (sinapsis, área de Broca) no se desarrollan. **Por tanto, es esencial hablar al niño, cantarle, leer con él y escucharlo desde el nacimiento.**

No sólo deben funcionar el oído y el sistema vocal y cerebral; el niño debe evolucionar también en un ambiente rico en vocabulario.

Emplear las palabras justas y adecuadas resulta esencial para despertar el deseo y la capacidad de comunicar del niño, en primer lugar de forma oral y, más adelante, por escrito.

El ambiente preparado (material y pedagógico) Montessori estimula el interés del niño por el lenguaje al inicio del ciclo pedagógico y a lo largo de él.

17. El periodo sensible del orden
(entre los 6 meses y los 3 años)

Este segundo periodo puede llegar incluso hasta los 5 años. Durante esta fase, el niño concede mucha importancia al orden de las cosas. Es sensible a la estabilidad y al establecimiento de costumbres que le sirven de referencia.

Se sabe que el orden exterior contribuye al orden interior, en especial en el niño que aprende a adaptarse a su ambiente. El caos y el desorden son fuentes de perturbaciones. Del mismo modo que un ambiente ordenado es crucial, una rutina y una estabilidad diarias responden a la necesidad de calma y orden.

¿Has observado hasta qué punto se siente incómodo un niño cuando se le cambia la rutina sin que lo avisen de ello?

Piensa en minimizar el número de juguetes que estén al alcance del niño y organízalos de un modo claro y lógico para que los pueda recoger con facilidad. **¡Olvídate del baúl de los juguetes!**

18. El periodo sensible de la estimulación sensorial (de 0 a 4 años)

El niño recibe las primeras informaciones procedentes del mundo exterior por medio de los sentidos. Al principio, todas las impresiones sensoriales (oído, gusto, olfato, vista y tacto) son captadas por el cerebro. Cuando este se desarrolla, el niño adquiere la capacidad de diferenciar las sensaciones útiles de aquellas que no tienen ninguna importancia.

Los estímulos sensoriales más repetidos refuerzan ciertas vías neuronales. Hacia los 4 años, el cerebro finaliza su selección. Por tanto, es esencial despertar todos los sentidos del niño entre los 0 y los 4 años

para estimular su cerebro y enriquecer y ordenar al máximo su base de datos sensoriales, lo que le permitirá comprender mejor el mundo que lo rodea.

Ahora puedes entender mejor por qué los más pequeños se meten en la boca todo lo que encuentran. **Gracias al tacto, enriquecen y perfeccionan los datos transmitidos a su cerebro.**

19. El periodo sensible del movimiento (entre los 18 meses y los 4 años)

Hacia los 18 meses, los niños ya han adquirido más o menos la motricidad básica. Hasta los 4 años, aproximadamente, el cerebelo y la corteza motora del cerebro siguen desarrollándose para mejorar la motricidad fina. Así pues, las actividades del niño se concentran en el control de movimientos más delicados, lo que le permitirá lograr fácilmente cierta destreza: escribir con un lápiz, agarrar objetos...

Durante este periodo sensible, el niño realiza un «máximo esfuerzo» (concepto montessoriano definido en el glosario, p. 163) para ejecutar movimientos simples que le gusta repetir, lo cual le ayuda a retenerlos y a crear la memoria de los gestos.

A partir de los 4 años, el desarrollo psicomotor prosigue, pero el perfeccionamiento de la motricidad fina requiere entonces unos esfuerzos considerables. ¿Has observado que en esta edad el niño está en continuo movimiento? ¿Entiendes por qué un niño de 2 años desea llevar objetos pesados?

20. La importancia del trabajo de la mano

El ser humano siempre ha usado las manos para crear y evolucionar. Desde los primeros meses de vida, el bebé descubre sus manos y aprende poco a poco a utilizarlas de un modo intencionado.

Hasta que el niño se mantiene de pie y empieza a caminar no libera esta maravillosa herramienta que ya no necesita para moverse. Empieza entonces a progresar hacia la destreza y el desarrollo de la motricidad fina. Para Maria Montessori, es el momento de ofrecerle materiales inteligentes, con un objetivo definido: motivar al niño, cuyas pequeñas manos sólo desean trabajar y desarrollarse.

La mano, herramienta de la inteligencia

La destreza y el uso de los diez dedos de la mano son indispensables para el desarrollo de la inteligencia. Mientras que los pies se utilizan casi universalmente de la misma manera, es decir, para caminar, el desarrollo de las manos es mucho más singular; varía de una persona a otra y lleva a unas competencias particulares que determinan nuestro trabajo y nuestra contribución a la sociedad.

Distintas partes del cerebro se movilizan y se desarrollan para emplear las manos, igual que cuando aprendemos a usar una nueva herramienta: sucede sobre todo con los juegos de construcción, cuando se aprende a tocar el piano, a escribir, a coser...

Maria Montessori va aún más lejos al afirmar que el niño podría evolucionar hasta cierto punto sin el uso de las manos, pero que su inteligencia se desarrolla de un modo mucho más importante por medio de la manipulación. La mano constituye una verdadera herramienta de la inteligencia: ¡dejemos que nuestros hijos descubran qué son capaces de hacer con sus diez dedos!

«El verdadero "carácter motor" ligado a la inteligencia es el movimiento de la mano al servicio de la inteligencia para ejecutar trabajos».

(Maria Montessori, *El niño. El secreto de la infancia*)

21. Los cuatro planos del desarrollo

Desde el nacimiento hasta la madurez, Maria Montessori compara «el desarrollo (del niño) con una serie de renacimientos» que denomina los «cuatro planos del desarrollo» o «ritmo constructivo de la vida».

Los cuatro planos (o fases) del desarrollo se dividen de la siguiente forma:
- primer plano, 0-6 años: **infancia**;
- segundo plano, 6-12 años: **niñez**;
- tercer plano, 12-18 años: **adolescencia**;
- cuarto plano, 18-24 años: **madurez**.

El primer y el tercer plano están subdivididos en dos partes de tres años: el primero es el de la adquisición de los conocimientos y el segundo, el de la cristalización de lo adquirido.

El segundo y el cuarto plano son periodos de consolidación, más tranquilos y estables. Los desarrollaremos con mayor detalle en las siguientes páginas.

Si tienes hijos habrás observado que la infancia y la adolescencia presentan algunas similitudes y comportan una serie de desafíos para los padres. Los ambientes Montessori, así como sus materiales y su pedagogía, tienen en cuenta las especificidades de las necesidades físicas, sociales y mentales de los niños en cada plano de desarrollo.

Las características psicológicas del niño varían también en función de los planos (o etapas), sea cual sea el grado de estimulación y el nivel de adquisición. Sin embargo, la predisposición del niño a beneficiarse de las particularidades de cada etapa dependerá del éxito o de las carencias generadas durante la fase anterior.

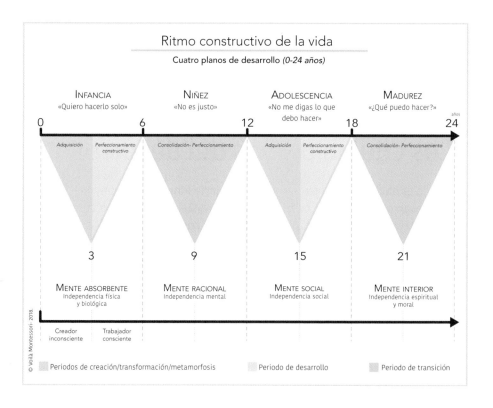

22. El primer plano: la infancia
(o «Quiero hacerlo solo»)

Los seis primeros años de vida son los de la «mente absorbente» y de las bases del desarrollo de la personalidad humana; es el plano (la etapa de desarrollo) más activo. Este se divide en dos ciclos de tres años: la mente absorbente *inconsciente*, desde el nacimiento hasta los 3 años, y la mente absorbente *consciente*, de los 3 a los 6 años.

Durante esta fase, el niño cambia mucho, tanto en el ámbito físico como psíquico. Le salen los dientes, aprende a sentarse, a gatear, a caminar... Desarrolla la motricidad global y fina por medio de la manipulación, el juego y la imitación; en paralelo, su lenguaje evoluciona, lo que le permite expresarse con palabras y, a continuación, con frases, en la lengua de su entorno.

Hasta los 6 años, el niño es decididamente introspectivo

Reflexiona con mucha concreción y quiere descubrir todas las cosas del mundo que lo rodea. Durante estos años cruciales se desarrollan ciertas facultades mentales, como la memoria, la voluntad, el orden, la razón... Es un observador y un explorador apasionado, tanto en el plano del movimiento como en el sensorial. Durante esta etapa de desarrollo, los periodos sensibles son intensos y se solapan.

Durante el primer plano del desarrollo, el niño necesita sobre todo amor, ternura, proximidad, orden, protección y una sensación de seguridad física y afectiva. Requiere la mayor independencia posible, en un ambiente simple pero que le ofrezca una multitud de estímulos, actividades con un objetivo definido y experiencias concretas de la vida real.

Tiene necesidad y ganas de participar en la vida de su familia y de su cultura, así como de comprender el funcionamiento de la naturaleza, de su vida cotidiana... Todo ello contribuye a la construcción de la autoestima y de la confianza en sí mismo, que son indispensables para la curiosidad y la alegría que animan al niño que crece.

Distintos ambientes son adecuados para que se desarrolle este primer plano de la mejor manera: en primer lugar, el hogar y, a continuación, el Nido, la Comunidad Infantil y la Casa de los Niños, todos ellos preparados con el objetivo de responder a las necesidades de los niños durante esta fase y proporcionarles las llaves del mundo.

«[...] la parte más importante de la vida no es la que corresponde a los estudios universitarios, sino al primer periodo, que se extiende desde el nacimiento hasta los 6 años, porque es en este momento cuando se forma la inteligencia, el gran instrumento del hombre. Y no sólo la inteligencia, sino también el conjunto de las facultades psíquicas. La nueva idea ha producido una gran impresión en aquellos que se interesan por la vida psíquica; y muchos se han dedicado al estudio del recién nacido, del niño de 1 año, que crea la personalidad del hombre».

(Maria Montessori, *La mente absorbente del niño*)

23. El segundo plano: la niñez
(o «Es injusto»)

Hacia los 6 años y hasta los 12, el niño se convierte en un ser social. Se dice que es la edad de la serenidad, porque el niño está tranquilo y, por lo general, es feliz. Ya no depende del orden exterior y empieza a ser menos dependiente del adulto. Se convierte en un verdadero explorador cultural: quiere saber y comprender todo sobre el mundo que lo rodea, al mismo tiempo que afirma su propia personalidad.

Físicamente, a partir de los 6 años, el niño experimenta nuevos cambios: se le caen los dientes de leche, que son sustituidos por los definitivos, la piel y el pelo son menos finos; el cuerpo crece y se hace más fuerte, con lo que se convierte en un excelente corredor, se refuerza su salud y, sobre todo, rebosa de energía.

La edad de la abstracción y la sociabilidad

En el segundo plano de desarrollo, el niño accede al pensamiento abstracto: puede razonar y comprender conceptos mucho más complejos que en el plano anterior. Tiene una imaginación desbordante y, gracias a todas estas nuevas capacidades, disfruta realizando proyectos de gran envergadura. Adquiere una gran cantidad de conocimientos por medio de las múltiples preguntas que se plantea, los «porqué» y los «cómo». También es el periodo de la conciencia moral: el niño siente una gran necesidad de justicia, de distinguir el bien del mal; se apasiona, además, por todas las historias protagonizadas por héroes.

Al contrario de la fase anterior, **entre los 6 y los 12 años, el niño está en plena etapa de construcción social;** se abre a los demás y le encanta trabajar en grupo, imaginar y organizar juegos con otros niños de la misma edad y del mismo sexo. Establece verdaderas amistades y su vida social empieza a extenderse más allá del círculo familiar.

Durante esta fase, el niño necesita amor, respeto, seguridad y un poco más de independencia en la escuela y en casa. Tiene necesidad de crear vínculos, vivir muchas experiencias culturales y pasar largas horas al aire libre, en contacto con la naturaleza.

Por ello, los ambientes adaptados siguen siendo la casa y los ciclos de primaria de Montessori. En el primer plano de desarrollo, se trataba de confiar las «llaves del mundo» al niño; en el segundo, **se le debe dar las «llaves del universo».**

24. El tercer plano: la adolescencia
(o «No me digas lo que debo hacer»)

El tercer plano de desarrollo se asemeja mucho al primero; es un periodo de una gran transformación, física, emocional y psicológica. El niño entra poco a poco en el mundo de los adultos, con una sensibilidad especial hacia la justicia social y su propia dignidad. Maria Montessori se inspiró en la lengua alemana para describirlo con el término *Erdkinder*: «el niño de la Tierra».

Entre los 12 y los 18 años, el chico cambia mucho físicamente. Es la pubertad, con todos sus desbarajustes hormonales y sus picos de crecimiento. El chico se vuelve más vulnerable: se cansa y enferma con más facilidad y tiene mucha menos energía que en la fase anterior. Una alimentación sana y un buen estilo de vida son primordiales.

«A esta organización la hemos llamado «los niños de la Tierra» o «niños del campo» [...], porque se trata realmente de niños que penetran en la civilización partiendo de sus orígenes, es decir, en la época en la que los pueblos, al establecerse en el campo, abrieron una era de vida pacífica y de progreso civil [...]».
(Maria Montessori, *De la infancia a la adolescencia*)

El muchacho alcanza la madurez sexual y empieza a sentirse atraído por el sexo opuesto.

Durante el tercer plano de desarrollo, el chico es muy sensible a las críticas; cambian sus emociones, le cuesta controlarlas y a menudo carece de confianza en sí mismo. Tiene una gran necesidad de pertenecer a un grupo, de integrarse y de parecerse a sus compañeros.

Además, la apariencia es muy importante para él. Vive un periodo de dudas, que oscila entre la niñez y la edad adulta.

Se pregunta quién es realmente. Es una etapa que puede resultarle difícil, durante la cual suele entregarse a actividades creativas, como la música, la danza, la escritura, el arte...

El adolescente es un explorador social y humanista: busca modelos a seguir, tiene ganas de aportar su contribución a la sociedad y hacer oír su voz para encontrar su sitio en ella. A menudo, rechaza la autoridad y forma grupos que se asemejan a una pequeña sociedad, con sus normas y su lenguaje, en los que encuentra reconocimiento y afirmación.

Durante esta fase, el chico necesita amor (una vez más), respeto y seguridad. También busca cierta independencia económica y emocional con respecto a su familia. Esta necesidad de espacio es indispensable para construir su confianza en sí mismo, comprender quién es fuera del círculo familiar y tener la libertad de explorar su identidad (sexual, sobre todo). Para proseguir por la vía de la edad adulta debe entender cuál es su sitio en la sociedad y la historia.

¿Un internado autogestionado por adolescentes?

Maria Montessori imagina el ambiente del tercer plano de desarrollo como un internado: una escuela lejos de casa, donde los adolescentes aprenden a vivir en comunidad, a comprender las bases de la construcción de una sociedad y a satisfacer sus propias necesidades. Un lugar donde encuentren a la vez independencia y seguridad, límites y apoyo, fuera del círculo familiar, y donde tengan sobre todo la posibilidad de llevar a cabo proyectos de responsabilidad en colaboración con sus compañeros.

Se puede tratar de una pequeña empresa —una granja, por ejemplo— gestionada por adolescentes guiados y apoyados por sus educadores. Algunos institutos se inspiran en ello, aunque en muchos casos sin la posibilidad de ofrecer alojamiento.

«Es necesario que los maestros tengan el mayor respeto por la personalidad de los jóvenes. En el alma de los muchachos se esconden grandes valores. Todas nuestras esperanzas de progreso para el futuro están puestas en el espíritu de estos muchachos y muchachas».

(Maria Montessori, *De la infancia a la adolescencia*)

40

25. El cuarto plano: la madurez
(o «¿Qué puedo hacer?»)

El cuarto plano de desarrollo tiene lugar de los 18 a los 24 años; es la etapa en la que el joven adulto aprende a creer en él y en sus capacidades, se vuelve responsable y actúa con el poder de su intelecto.

Es un periodo tranquilo, sin grandes cambios físicos o emocionales, durante el cual la salud es muy buena. Si el joven adulto no ha encontrado demasiados obstáculos durante las fases anteriores, halla la estabilidad y alcanza la plenitud intelectual y emocional.

La edad del juicio y de elegir

El joven adulto no crece más físicamente: su cuerpo es maduro y sólo el peso o la fuerza pueden variar con el tiempo. Durante esta fase, se vuelve consciente de sí mismo y de los demás; tiene una gran conciencia moral y social, que desarrolla en él un importante sentido de la responsabilidad. Es capaz de encontrar su identidad y su personalidad fuera de un grupo, pues tiene una mayor confianza en sí mismo y las relaciones con los demás son más relajadas.

Es el momento ideal para elegir su vida: una profesión, una carrera, unas relaciones amistosas y sentimentales estables... Puede asumir sus decisiones, lo que le permitirá poco a poco comprender mejor su potencial y sus límites.

El ambiente adecuado para ello es la universidad, la escuela de su elección o el lugar de trabajo que corresponda a sus valores y objetivos. ¡Está preparado para transformar su ambiente!

26. Observar para poder comprender mejor

Es una norma esencial. La observación es la base, la herramienta esencial de la teoría y de la enseñanza Montessori. Para Maria Montessori es un arte, una habilidad que se adquiere durante la práctica diaria.

La Dra. Montessori estudiaba y aprendía constantemente de los elementos que recopilaba mediante la observación científica de los niños, lo que le permitía consolidar y mejorar su método. Para Maria Montessori, se trataba de una obligación hacia cada niño, una atención indispensable para acompañar a su desarrollo. La observación es un modo de analizar cada detalle sin realizar juicios ni predicciones. Cuando se lleva a cabo de un modo correcto, permite identificar las necesidades del niño y así es posible ofrecerle la actividad adecuada para su evolución. **Cuanto más se practica la observación, mejor se controla y se entiende al niño y sus aspiraciones.** La observación resulta vital para guiar al niño en la escuela o en casa.

Algunos consejos para convertirse en un buen observador

⊕ **A menudo, nos culpamos porque pensamos que no jugamos o interactuamos suficientemente con nuestros hijos;** sin embargo, es muy importante que les dejemos ratos para jugar solos, sobre todo si no reclaman nuestra presencia. Se trata de momentos privilegiados para observarlos con discreción y dejarlos actuar, sin intervenir (salvo en caso de peligro, naturalmente, o si expresan una frustración demasiado grande).

En ocasiones, te sorprenderá la tenacidad de tu hijo, que no parará de intentar su objetivo hasta que lo consiga (hacer una voltereta, reptar para atrapar un juguete, armar un rompecabezas, una construcción...). ¡La satisfacción de haberlo logrado solo se leerá en su cara!

⊕ **Escribe un diario de observación.** Anota con regularidad lo que observes. Comienza escribiendo la fecha y la hora, el tiempo que hace y cuál es tu estado de ánimo.

⊕ **Lo más importante** (y, a veces, lo más difícil al principio) **es tomar nota de modo objetivo de lo que ves,** y no de tu interpretación de la situación. Por ejemplo, si tu hijo gira la cabeza en dirección a la ventana, escribe «gira la cabeza hacia la izquierda/la derecha» en vez de «mira el pájaro que se ha posado en la ventana». De hecho, no sabes lo que está mirando, pensando o imaginando realmente; decir que mira el pájaro, o incluso la ventana, no es más que una interpretación tuya. Describe sólo lo que ves. Anota también los cambios que te gustaría hacer en tu ambiente en función de estas observaciones o el material que desearías presentar a tu hijo. Esto te ayudará a comprender sus necesidades y a tomar medidas concretas para adaptar el ambiente en consecuencia.

◉ **Si sientes la necesidad de anotar tus interpretaciones o juicios, añade una columna a la derecha de tus observaciones.** Escribir un bloc de observación te dará la posibilidad de seguir con más facilidad la evolución de tu hijo, además de reconocer y comprender mejor sus necesidades y tener confianza en tus decisiones respecto a él.

«Observen a los niños, obsérvenlos dondequiera que estén, sin que importe el contexto».
(Maria Montessori, traducido de *L'Enfant est l'avenir de l'homme*)

27. El niño es único
¡Síguelo!

Maria Montessori nos invita a creer en el inmenso potencial del niño. Su enfoque científico y su observación de los niños durante medio siglo le permitieron descubrir que éstos nacen con la necesidad intrínseca de domesticar su ambiente.

Las necesidades fundamentales del ser humano y los periodos sensibles de su aprendizaje, combinados con su capacidad de absorción de información, hacen que el niño tenga a su disposición todas las herramientas para su desarrollo.

Las investigaciones realizadas en el campo de la neurociencia han identificado estos periodos de estimulación que permiten que el cerebro se desarrolle, en particular las neuronas especulares, que son esenciales en los procesos de imitación y, por tanto, de aprendizaje.

Debemos no sólo creer en el inmenso potencial del niño, sino también reconocer la singularidad de cada cual. Cada niño sigue su propio camino. Teniendo presente esta certeza, deberíamos alegrarnos de la personalidad única de nuestro hijo en vez de comenzar a hacer comparaciones inútiles.

Comprender mejor el desarrollo humano, los procesos de aprendizaje, los distintos temperamentos y caracteres del niño nos ayuda a aceptar y respetar a cada individuo, incluso (y sobre todo) a los más jóvenes.

«Debemos ayudar al niño a valerse por sí mismo, a pensar solo, a tener su propia voluntad; en esto consiste el arte de quienes aspiran a ser servidores de la mente».
(Maria Montessori, *Educar para un nuevo mundo*)

44

28. La libertad y sus límites
La pedagogía Montessori: entre la firmeza y la bondad

Al método Montessori se le suele atribuir una falta o un exceso de disciplina. Naturalmente, se trata de prejuicios muy alejados de la realidad.

Los ambientes Montessori están diseñados para fomentar la autorregulación. **Sólo existe un ejemplar del material de cada actividad para cada veinte niños; así se evita la competición y se incita a la paciencia.** Las secuencias de ejercicios cada vez más complicadas animan a los niños a seguir cierta disciplina.

El hecho de que la libertad se gana con una actitud responsable es fundamental en la filosofía Montessori. Si el niño demuestra que ha asimilado estas normas, obtiene más libertad.

Un simple ejemplo: el niño puede elegir una nueva actividad sólo si ha recogido de manera correcta el material de la actividad anterior. Los ambientes Montessori incitan a la voluntad y al autocontrol en la vida diaria.

29. Los tres grados de obediencia del niño

Ahora sabemos que cada niño que nace está preparado para aprender y adaptarse a su cultura y a su época. Sin embargo, solemos tener expectativas y ciertas ideas de aquello que debería hacer o no, y olvidamos a veces que el niño necesita tiempo y ser guiado para comprender y asimilar las normas sociales y lo que es aceptable o no.

Como padres, nos esforzamos por creer en la autodisciplina, este concepto en el que todos soñamos y que deseamos inculcar a nuestros hijos. Pero que quede claro: este es un trabajo a largo plazo...

Maria Montessori define en el niño lo que denomina los «tres grados de la obediencia». Se trata de las etapas por las que debe pasar el niño antes de poder comprender y aprender las normas establecidas en la familia, en clase y, más ampliamente, en su cultura.

Conocer estas tres etapas permite comprender ciertos comportamientos del niño y guiarlo de la mejor manera posible.

Los tres grados de la obediencia (según el punto de vista del niño)

1. Al principio, no tengo ninguna noción de la disciplina. Me veo guiado por una fuerza vital que no puedo controlar: debo explorar todo, tocar, probar, sentir... Es mi guía interior que me empuja a todo ello y no puedo impedírselo.

2. Más tarde, empiezo a saber qué es aceptable y qué no. He adquirido numerosas y nuevas competencias que han hecho crecer la confianza en mí mismo y me permiten hacer aquello que me piden que haga. Pero todavía estoy en plena construcción de mi voluntad y no siempre la controlo. Trabajo en mi impulsividad y en el dominio de mis emociones, y conozco las normas; por otro lado, soy perfectamente capaz de seguirlas y detectar cuando alguien no las cumple. Sin embargo, necesito aún que sean pacientes conmigo y me ofrezcan opciones limitadas, para que pueda seguir desarrollándome, controlando y utilizando mi voluntad de manera adecuada.

3. Ahora soy capaz de controlarme y sé que un marco claro y unos límites definidos me aportan alegría y seguridad. Soy capaz de obedecer de buen grado. No es algo que los demás puedan controlar: la verdadera noción de la obediencia viene del interior y, cuando tengo las necesidades satisfechas,

«La obediencia no depende sólo de la "buena voluntad". [...] Para poder ejecutar una orden, hace falta cierta habilidad y determinado grado de madurez. Por ello, la obediencia debe ser juzgada en relación con el desarrollo y las condiciones vitales [...] si el niño aún no es dueño de sus acciones, si no consigue obedecer a su propia voluntad, aún menos conseguirá obedecer a otra persona».
(Maria Montessori, *La mente absorbente del niño*)

estoy contento de aportar mi contribución a la comunidad, demostrando autocontrol, autodisciplina, compasión y paciencia.

El niño alcanza este tercer grado cuando ha desarrollado suficientemente su voluntad, sus competencias cognitivas y sus experiencias.

30. La bondad natural del niño

Todos los niños tienen las mismas necesidades esenciales, únicas y universales, que, una vez satisfechas, les permiten realizarse y darse a conocer.

Gracias a su trabajo, la Dra. Montessori descubrió que el niño es feliz, entusiasta y generoso por naturaleza, y se concentra y se abre a los demás.

Una creencia esencial

Cada niño evoluciona siguiendo los planos de desarrollo, pero tiene su propio ritmo. Si proporcionamos al niño un ambiente adaptado a sus necesidades de libertad e iniciativa en los campos que le interesan y le permitimos repetir una actividad las veces que quiera, nos mostrará sus enormes capacidades. A esto lo llamamos «infancia normalizada».

Al observar un aula Montessori nos sorprenderemos de la armonía y el ambiente de quietud que desprende un grupo de niños concentrados.

31. El método Montessori a la luz de la neurociencia

Numerosos descubrimientos en neurociencia han confirmado las teorías y observaciones de la Dra. Montessori:

⊕ **Las manos, herramienta del cerebro.** Las manos representan la herramienta principal para recopilar la información destinada al cerebro. Así pues, tienen un papel fundamental en el aprendizaje. Como en la pedagogía Montessori, la práctica produce mejores resultados que la simple observación. Las actividades sensoriales que emplean las manos desarrollan el tacto y la habilidad de los dedos, que resultan útiles para el aprendizaje de la motricidad fina.

⊕ **Periodos sensibles.** Recientemente, la neurociencia los ha identificado como periodos esenciales en los que el cerebro requiere una estimulación suplementaria para asegurar su correcto desarrollo.

⊕ **Redes neuronales.** Sabemos que ciertas actividades estimulan su desarrollo, como la repetición, que es una tendencia natural de los niños (0-6 años) para adquirir competencias. Esta práctica de la repetición es una herramienta importante en la pedagogía Montessori. Las experiencias sensoriales son otro medio para desarrollarlas (3-6 años).

⊕ **Neuronas especulares.** Estas neuronas se estimulan cuando un individuo ejecuta una acción u observa a otro individuo que la realiza. Es exactamente aquello que Maria Montessori identificó y definió como la «mente absorbente». El método Montessori, los «ambientes preparados», el material pedagógico y la manera de presentarlo, así como las edades mixtas y la repetición de las lecciones, se basan en esta facultad de imitación para aprender.

⊕ **Funciones ejecutivas.** Investigaciones recientes han demostrado que las funciones ejecutivas resultan esenciales para la adaptación, la flexibilidad mental y la atención, características que fomentan los ambientes (las aulas) Montessori.

32. La repetición, la base del cerebro

El cerebro humano es un órgano absolutamente extraordinario y tan complejo que aún no conocemos todos sus misterios. Es más potente que ninguna máquina y tiene la facultad de aprender a lo largo de toda la vida. Esta capacidad se observa, en especial, entre los más pequeños. El cerebro no representa más que el 2 % de nuestro peso total y, en cambio, utiliza el 20 % de la energía que producimos.

Zoom sobre el cerebro

¿Qué es una neurona?

El cerebro, como cualquier órgano, está formado por células. Sin embargo, estas células son especiales, por su funcionamiento y su forma (no son redondas y compactas, como la mayoría de las células, sino que presentan múltiples ramificaciones, como los árboles): son las neuronas.

Se calcula que el cerebro humano tiene entre ochenta y seis mil y cien mil millones de neuronas cuando nacemos. Pero no aparecen por arte de magia: son resultado de divisiones celulares sucesivas que tienen lugar durante el embarazo.

¿Qué es una sinapsis?

Una sinapsis es una conexión entre dos neuronas. En realidad, las neuronas son células desunidas; menos de la mitad de los cien mil millones de neuronas que mencionamos antes forman una red cuando nacemos: las demás aparecen después.

Cada nueva experiencia, cada aprendizaje activa neuronas, que se conectan para formar una conexión sináptica. Las conexiones múltiples crean una verdadera red de neuronas, circuitos parecidos a una red vial, que es la base de la arquitectura de nuestro cerebro.

Se cuentan entre mil y diez mil sinapsis por neurona. En el bebé, el cerebro se modifica cada segundo: en un minuto de su vida se crean dos millones de sinapsis. Se habla entonces de plasticidad cerebral.

Plasticidad cerebral

Es la capacidad del cerebro de modular su estructura para responder mejor a las problemáticas del entorno a las que nos enfrentamos en nuestra vida humana. Es muy importante entre los niños, porque su cerebro está en plena construcción. Pero también existe en la edad adulta: siempre es posible modificar el cerebro y aprender a lo largo de toda la vida, aunque esta plasticidad no es tan impresionante como en los niños y jóvenes de hasta 15/20 años.

Cada vez que una sinapsis se moviliza, se refuerza; el circuito en cuestión se vuelve más fuerte, más rápido y eficaz cada vez que se repite una experiencia. Por ello, repetir es tan importante para aprender, en cualquier edad, pero sobre todo en la niñez. Si se repite una experiencia, se vuelve familiar y más fácil y se ajusta por medio de la información recibida del entorno, que crea nuevas conexiones que amplían aún más la red sináptica. Es un fenómeno fascinante.

¡Cada aprendizaje, cada repetición modifica la estructura de nuestro cerebro! Por ello es tan importante no interrumpir a un niño, como destacaba Maria Montessori antes de que se realizaran estos descubrimientos en neurociencia; cuando se concentra y repite varias veces la misma acción, está construyendo su cerebro.

Es importante recordar que la plasticidad cerebral sigue existiendo en la edad adulta, aunque no es tan rápida como en la infancia. Como padres, también formamos nuevas conexiones en contacto con nuestros hijos. Nosotros, como ellos, nos equivocamos y aprendemos mediante la repetición de las experiencias. Aunque hace falta tiempo para modificar la estructura cerebral.

Si deseas ser una madre o un padre bondadoso, aplicando los principios de la disciplina positiva, por ejemplo, deberás crear y reforzar muchas nuevas conexiones leyendo, practicando, etc. Con el tiempo, esas conexiones serán suficientemente sólidas para permitirnos aplicar los principios aquí expuestos del modo más fácil y natural.

Ten paciencia: todo se aprende, incluso a ser madres y padres.

33. Nuestras acciones y costumbres construyen el cerebro de nuestros hijos

Retomemos esta noción de plasticidad cerebral que acabamos de abordar. En los más pequeños, durante los cinco primeros años de vida, cada experiencia y cada contacto con los demás crea sinapsis a una velocidad extraordinaria.

Por esta razón, el niño intenta explorar, tocar, ver y oír todo: es el periodo en el que aprende con más rapidez y del modo más natural, sin siquiera ser consciente de ello y sin esforzarse mucho.

Crea sinapsis mediante la exploración y la manipulación, pero también las forma observando, siendo testigo de situaciones, actitudes, gestos y lenguajes que activan «neuronas especulares».

La importancia de las «neuronas especulares»

Las neuronas especulares fueron descubiertas en la década de 1990 por Giacomo Rizzolatti, un científico italiano que se dio cuenta de que cuando un mono realiza una acción delante de otro que lo observa, ambos monos activan las mismas zonas de sus cerebros (como si el que observara también hiciera la acción).

Gracias a estas neuronas especulares, nuestros hijos aprenden, por imitación, nuestro lenguaje verbal y no verbal, nuestros gestos, acciones y comportamientos, tanto positivos como negativos, y ello corresponde a la perfección con el concepto de «mente absorbente» descrito por Maria Montessori: ¡el niño absorbe todo!

Madurez cerebral del niño

Así, el cerebro del niño posee más de mil billones de conexiones sinápticas tras pocos años de vida, mientras que el del adulto «sólo» tiene trescientos billones; ello se explica por un fenómeno que recibe el nombre de poda sináptica, que permite que el niño que crece se convierta en un «especialista» del lenguaje, de los comportamientos y de los aprendizajes que más conoce y utiliza en su entorno, y cuyas conexiones son más fuertes. Las conexiones que se movilizan menos durante estos años de gran construcción se van eliminando progresivamente.

De esta manera, el cerebro conserva las experiencias que más ha vivido, sean positivas o negativas.

El adulto es un modelo

Así pues, los padres somos un modelo para nuestros hijos: todas las interacciones que realizamos con ellos con mayor frecuencia, todas las experiencias que les permitimos vivir a lo largo del tiempo forman conexiones duraderas que conservarán tras la poda sináptica. Por

consiguiente, no es sensato esperar de nuestros hijos un comportamiento que nosotros mismos no tenemos y que, por tanto, no han experimentado...

Por ello, los padres, así como el entorno social inmediato, como niñeras, profesionales y educadores que pasan tiempo con los niños, desempeñan un papel relevante en su construcción neuronal.

En las aulas Montessori se hace hincapié en la «gracia y la cortesía»: el educador actúa como un modelo, con su conducta, su lenguaje y su modo de dirigirse a los demás, pues sabe que la mente absorbente del niño retiene todas sus maneras de comportarse.

34. Hacer las cosas por su cuenta para desarrollar las funciones ejecutivas

En la vida diaria de adultos, sabemos lo importante que es poder controlar los impulsos, organizar el trabajo, comprender instrucciones o normas y respetarlas, así como adaptarse a los cambios, ya sea en el trabajo, en casa o en las relaciones sociales. Sin embargo, todas estas competencias no son innatas: se aprenden y se desarrollan a lo largo de la infancia y la adolescencia. Estos procesos cognitivos reciben el nombre de «funciones ejecutivas».

Las funciones ejecutivas nos permiten regular nuestras acciones, pensamientos y emociones, puesto que coordinan todas las demás facultades cognitivas (por ejemplo, el lenguaje o el movimiento) y desempeñan una función comparable a la de un controlador del tráfico aéreo, que recibe y trata toda la información para dar una respuesta adaptada a la situación.

Estas son las cuatro principales funciones ejecutivas

⊕ **La flexibilidad cognitiva, es decir, la capacidad de pasar de una idea o de una actividad a otra** con fluidez y adaptarse así a los cambios de situación.

- **La memoria de trabajo, es decir, la apropiación, la conservación y la manipulación de la información** que el niño percibe en su entorno.

- **La inhibición, es decir, la capacidad de controlar sus impulsos, esperar, razonar antes de actuar** y concentrarse sin dejarse distraer por el entorno.

- **La planificación, es decir, la capacidad de priorizar tareas,** de actuar de manera estructurada y organizada, de gestionar el tiempo y, por tanto, de anticiparse.

La función de la corteza prefrontal y su madurez

La corteza prefrontal (situada detrás de la frente) desempeña una función importante en el desarrollo de estas funciones ejecutivas: cuando puede conectarse a todas las demás zonas del cerebro, estas funciones se ponen en marcha y forman un circuito cada vez más sólido (y, por tanto, más disponible) a medida que el niño vive sus experiencias. Si tenemos en cuenta que el cerebro se desarrolla de la parte posterior a la anterior, resulta lógico que esta zona requiera cierto tiempo (varios años, precisamente) para alcanzar la madurez; por eso, por ejemplo, el niño de 2 años no es capaz aún de adaptarse con facilidad a un cambio repentino, ni de esperar su turno ni de compartir un juguete. No es que no quiera, sino que su cerebro no es suficientemente maduro todavía: sus funciones ejecutivas distan mucho de estar desarrolladas como las de un adulto o las de un niño mayor. Por tanto, es muy fácil confundir los caprichos y la inmadurez cerebral de los bebés y de los más pequeños.

Controlarse requiere tiempo

Así pues, el desarrollo de las funciones ejecutivas representa un largo camino hacia la autonomía, el control de las emociones, la empatía, la concentración y, en general, una vida estructurada y armoniosa.

Para favorecer este desarrollo, es primordial dar al niño la oportunidad de hacer las cosas por su cuenta, en situaciones de la vida diaria que le permitirán concentrarse poco a poco, controlar los movimientos y encontrar soluciones a problemas cada vez más complejos.

Esto se logra con actividades muy simples que pueden realizarse en casa y que a veces son tan evidentes que ni se nos ocurren: vestirse solo, ponerse los zapatos, lavarse las manos, pelar una mandarina para merendar, servirse un vaso de agua para beber... Por ello, se proponen tantas actividades individuales en las aulas Montessori: para que el niño tenga la oportunidad de hacer cosas por su cuenta y para sí mismo.

Conviene proceder por etapas en función de las capacidades de tu hijo. Por ejemplo, no esperes que un niño de 18 meses se quite solo los pantalones de un día para otro: empieza ayudándolo, bajándole los pantalones juntos; poco a poco, podrá bajárselos solo y, más adelante, quitárselos del todo.

Y, mientras, se irán reforzando muchas conexiones neuronales.

Montessori en la escuela

Escuelas de todas las partes del mundo aplican la pedagogía Montessori; comparten el mismo método y unos materiales idénticos, pero, sobre todo, una filosofía y un objetivo comunes: apoyar a los niños en su desarrollo natural.

35. El ambiente Montessori a partir de los tres meses
(fase prenatal-2 años)

Para respetar el principio esencial según el cual «el niño es único, síganlo», es necesario ofrecerle un ambiente adecuado a sus necesidades y preparado para fomentar su desarrollo físico, intelectual y emocional.

Según el método Montessori, pueden prepararse otras estructuras para el niño fuera del hogar familiar:

⊕ **El Nido es el ambiente para los recién nacidos (12 semanas) hasta que empiezan a caminar.** Ofrece herramientas simples para fomentar su necesidad de moverse, móviles para estimular sus funciones sensoriales, objetos de materiales naturales para manipular con el fin de desarrollar y perfeccionar los movimientos de sus manos (todo ello, por supuesto, con el amor y la atención bondadosa de los adultos). Así, el bebé goza de un ambiente propicio para su desarrollo psicológico y su libertad de movimientos.

⊕ **La Comunidad Infantil satisfará las necesidades del niño que descubre el hecho de caminar.** Gracias a esta nueva movilidad, el niño tiene la oportunidad de mejorar el equilibrio, trabajar con las manos y conocer el nuevo espacio que ahora puede explorar. También es el momento en el que se inicia en la adquisición del lenguaje y la cortesía y se prepara para ser limpio con el uso del baño.

«Para ayudar a un niño, se le debe ofrecer un ambiente que le permita crecer con libertad. Un niño pasa por un periodo de realización de sí mismo y debemos sentirnos satisfechos de abrirle esa puerta».
(Maria Montessori, *El niño. El secreto de la infancia*)

36. El ambiente Montessori
(+ 2 años)

A partir del hogar y del Nido, los niños tienen la posibilidad de conocer las bases esenciales de la pedagogía Montessori gracias a un ambiente adaptado.

La Casa de los Niños acoge a los niños desde los 2 años y medio aproximadamente hasta los 6 años. Deben haber aprendido los rudimentos del lenguaje, demostrar madurez e independencia, además de poder ir al baño solos. Los niños suelen permanecer tres años en este ambiente. Gracias al uso de un material pedagógico adaptado, aprenden a leer y escribir, además de aritmética; se sensibilizan en un ambiente sensorial y musical; se inician en la botánica, la geografía, la ciencia...

El primer ciclo de primaria está concebido para los niños de 6 a 9 años para profundizar en los conceptos adquiridos en la Casa de los Niños. En este ambiente, se propone a los niños unos principios filosóficos más amplios y el educador les proporciona las «llaves del universo».

El segundo ciclo de primaria está dirigido a los niños de 9 a 12 años, que siguen ampliando sus conocimientos e intereses y reciben las bases de una «educación cósmica».

La orientación Montessori para adolescentes proporciona a los jóvenes de 12 a 18 años la oportunidad de desarrollar su personalidad, explorar los principios de la colaboración y comprender cómo pueden contribuir a la sociedad que los rodea. Este programa se lleva a cabo preferentemente lejos de la familia.

37. La «educación cósmica»
Comprender el universo para orientarse en él

Una vez que el ambiente de la Casa de los Niños ya no le aporta lo suficiente y presenta las características y necesidades del segundo plano de desarrollo, el niño está preparado para el primer ciclo de primaria.

Maria Montessori describe y designa este programa como una «educación cósmica» que debe permitir que el niño conozca y comprenda el universo, del que todos los elementos están interconectados y del que forma parte. Esta etapa se divide en cinco «Grandes Lecciones», que despiertan la curiosidad y el gusto por aprender a lo largo de la vida.

Estas lecciones están escritas con un lenguaje rico y preciso, a la vez realista y misterioso, que responde a la mente racional y a la gran imaginación del niño mayor de 6 años.

Relatan historias relacionadas entre sí que dan una visión amplia del universo. Las historias forman un marco que proporciona aprendizajes clave y ofrece al niño la oportunidad de descubrir temas que lo motiven y que pueda explorar en profundidad. Las tres primeras «Grandes Lecciones» se centran en el cosmos y el planeta; las dos últimas tratan de la aparición del ser humano.

Las cinco «Grandes Lecciones»

1. Formación del universo y de la Tierra. Introduce las demás grandes lecciones y los seis años de exploración y trabajo del ciclo de primaria. Se inicia con la creación del universo y finaliza con la de la Tierra. Esta lección invita a los niños a imaginar una época antes de nuestro universo, a plantear

«[...] una manera de revelar el Plano Cósmico al niño [es] por medio de la lección apasionante de la historia de la Tierra y sus múltiples transformaciones a lo largo de los tiempos, de la época en que el agua era el instrumento dócil y más importante de la Naturaleza».

(Maria Montessori, *La educación de las potencialidades humanas*)

las preguntas más profundas de la vida humana y a comprender que todo lo que existe tiene un mismo origen y forma una unidad. Esta historia es, a la vez, teológica y científica e introduce las ciencias como la astronomía, la física, la química, la geología y la geografía, además de la filosofía.

2. Historia de la vida en la Tierra. Presenta la gran diversidad de la vida y la función de cada ser vivo en nuestro planeta. Esta historia nos permite comprender cómo la tierra, el agua y el aire siguen unas leyes naturales, y cómo surgió la vida en la Tierra y se volvió cada vez más compleja hasta la llegada de los humanos. Al final de esta lección, se extiende un gran friso que representa la increíble diversidad de las formas de vida que han evolucionado en el planeta desde su creación. Esta historia permite introducir disciplinas como la biología, la zoología, la botánica, la historia natural y la ecología.

3. Historia de la humanidad. Esta lección se centra en las características específicas de la humanidad, como la inteligencia o el trabajo manual, que nos distinguen de las demás especies. Introduce la antropología, la historia y las ciencias sociales.

4. Historia de la escritura. Explora el desarrollo de la escritura, desde las pinturas rupestres hasta la escritura de los niños, y destaca el poder de los textos escritos, que nos permiten comunicarnos a pesar de la distancia y el tiempo. Esta historia introduce los conceptos del lenguaje, el arte y la escritura creativa, entre otros.

5. Historia de las matemáticas. Esta lección desvela los orígenes de las matemáticas y los números, así como la manera en que las culturas los han utilizado para explorar e inventar. Permite enfocar de nuevo la historia y todos los campos de las matemáticas, incluida la geometría.

Estas «Grandes Lecciones» se explican una o dos veces durante el curso y a los niños les gusta descubrirlas una y otra vez. Más allá del descubrimiento del origen del mundo y de nuestra civilización, estas historias proporcionan un sentimiento de reconocimiento por el trabajo de miles de personas anónimas que han contribuido a la creación de herramientas, estructuras y organizaciones que han llevado nuestra vida a lo que es hoy. Asimismo, permiten que los niños reconozcan el equilibrio perfecto de la naturaleza, la función indispensable de cada animal y de cada planta, y, de manera más amplia, las nociones de unidad y armonía de nuestro planeta. Por supuesto, es fundamental transmitir a los niños la idea de que nuestras acciones tienen un impacto en todas las demás formas de vida terrestres y que el equilibrio de la naturaleza es especialmente frágil en la actualidad. En definitiva, se trata de una buena sensibilización hacia la ecología.

«El secreto para triunfar en la enseñanza reside en el hecho de considerar la inteligencia del niño como un campo fértil donde sembrar semillas para que germinen bajo el sol de la imaginación. Por consiguiente, nuestro método no se limita a querer que el niño comprenda las cosas, y menos aún obligarle a memorizarlas, sino que persigue sobre todo despertar su imaginación para suscitar el entusiasmo más vivo».

(Maria Montessori, *La educación de las potencialidades humanas*)

38. El niño, dueño de la clase
Autónomo y responsable

Si tenemos en cuenta que los niños desean aprender y construirse a sí mismos, las aulas Montessori están organizadas para que puedan elegir libremente la actividad adecuada a sus necesidades.

Ambiente y organización particulares

Los ambientes (aulas) Montessori ofrecen un aspecto y una atmósfera particulares. En una clase tradicional, el maestro o la maestra decide las lecciones que va a dar a un grupo de alumnos de la misma edad. A diferencia de este enfoque, en un aula Montessori, se dice que el niño dirige su educación. Imaginemos una relación triangular entre el niño, el «ambiente preparado» y el adulto. En este nuevo modelo, el niño se encuentra en la cima de la pirámide, en una relación individualizada y recíproca con el educador y este ambiente «preparado» en función de sus necesidades. El adulto es simplemente un guía que tiene tres responsabilidades principales:

1. **Observar los niños de su clase.**
2. **Identificar las «ventanas de oportunidad»,** en las que cada niño parezca preparado para la siguiente lección.
3. **Presentar esta nueva actividad gracias a la manipulación** de un material pensado para el desarrollo del niño, siguiendo una secuencia lógica de lecciones.

El aula y el material están organizados y diseñados específicamente según la edad de los niños; de este modo, se les anima a elegir de forma libre las actividades que los inspiran, con la condición de que el educador les haya presentado la actividad.

Como los niños tienen edades mixtas, pueden aprender unos de otros. Un niño puede impartir una lección que domina a otro niño con la aprobación del educador, o simplemente observar a otro niño sin interrumpirlo.

Todo ello no significa que reine una libertad absoluta en el aula, prejuicio frecuente de la educación Montessori. Al contrario, existen normas simples y precisas que deben respetarse.

39. Quiero a niños mayores en mi clase

¿Te gustaría trabajar o tener una vida social sólo con gente de la misma edad? En un aula Montessori, en vez de agrupar a los niños por su fecha de nacimiento, se reúnen en función de sus fases de desarrollo. Las aulas Montessori están estructuradas respetando los cuatro planos de desarrollo del niño, como en una familia en la que los niños aprenden de sus hermanos.

Cooperación fructífera entre mayores y pequeños

Al observar a los mayores, los más pequeños se sienten intrigados y motivados por las actividades a las que accederán cuando estén preparados. Es necesaria una relación de confianza con el educador, pero también se establece este tipo de relación con los niños mayores.

De este modo, los mayores pueden profundizar sus conocimientos compartiendo con los más pequeños una lección que dominen. Está demostrado que la comprensión de un tema mejora cuando se explica a los demás.

Cuando el niño entra en la Casa de los Niños, pasa tres años en cada ambiente. En este contexto, gracias a la mezcla de edades, se favorece la cooperación en detrimento de la competición. Esta cooperación contribuye a la tranquilidad del aula y el aprendizaje de la cortesía y de la vida social.

40. Sé mi guía, no mi maestro

A diferencia de lo que sucede en la mayoría de las escuelas, en un aula Montessori al adulto no se le llama profesor, sino educador.

El educador Montessori: un observador bondadoso

El educador es el enlace entre el niño y el «ambiente preparado». Para estar en plena armonía con los niños, el educador/guía debe estar a su servicio para ayudarlos en su formación intelectual, acompañándolos y guiándolos.

El educador aprende a convertirse en un observador científico con el fin de poder ofrecer a cada niño la ayuda que necesita o detectar las «ventanas de oportunidad» en los momentos propicios. Dado que los niños se encuentran en una fase de formación, el educador Montessori debe concederles mucho tiempo para identificar mejor sus necesidades, su personalidad y sus expectativas. Debe saber detectar las necesidades y las etapas de desarrollo específicas de cada niño para que pueda presentarle el material pedagógico adecuado a su ritmo de aprendizaje y desarrollo.

El educador Montessori se mantiene en segundo plano. Una vez presentado el material pedagógico, no da las respuestas ni toma los objetos en lugar del niño. Sólo interviene si el niño pide de forma clara una ayuda complementaria.

Por último, el educador, observador bondadoso, anima y no corrige los errores (los materiales son de autocorrección), lo que favorece la autoconfianza del niño.

«A menudo, basta con mostrar simplemente cómo se utiliza un objeto. Pero cuando se debe hablar e iniciar al niño en el uso de los distintos materiales, la característica de esta lección es la brevedad».

(Maria Montessori, *El método de la pedagogía científica*)

41. Soy inteligente...

«Una escuela donde los niños hacen lo que quieren». Este prejuicio sobre la pedagogía Montessori está muy extendido, ya que ésta respeta el ritmo y la personalidad de los niños. Sin embargo, en ella se aplican normas pensadas y precisas.

Cómo se aplica la libertad de elección

En las aulas «preparadas», diseñadas para las diferentes fases de desarrollo de los niños, las lecciones se presentan de manera individual o en pequeños grupos con la ayuda del material pedagógico adecuado. Las lecciones siguen una secuencia lógica y cronológica muy precisa; cada lección prepara para la siguiente.

A partir del momento en que se ha presentado una actividad adaptada a la edad y la progresión de un niño, éste es libre de elegirla y repetirla tantas veces como quiera, hasta que la domine del todo. Entonces, estará listo para la etapa siguiente.

Ello no provoca ningún caos en la clase, sino todo lo contrario, ya que la mayoría de los niños habrán elegido una actividad que les inspira; los niños se mantienen concentrados y pueden elegir el trabajo entre todas las lecciones que les han sido presentadas.

42. Para aprender necesito moverme
El movimiento, una necesidad esencial para los niños

A diferencia de las normas vigentes en los centros escolares tradicionales, con la imagen de los alumnos sentados todo el día, en un aula Montessori, los niños tienen libertad de movimiento siempre y cuando no dificulten la concentración de los demás.

Las mesas y las sillas están diseñadas para adaptarse a la evolución de los niños. Éstos pueden decidir sentarse ante una mesa o en el suelo con una pequeña alfombra de trabajo. Ésta permite delimitar la zona del ejercicio

e impide que el niño invada el espacio de su vecino, para que aprenda a respetar la concentración de los demás. Además, le ayuda a adquirir el sentido del orden y dirigir toda su atención a la lección.

El movimiento favorece el desarrollo de los circuitos neuronales. En ciertas lecciones, el movimiento forma parte integrante de la dinámica entre el educador y los niños, que deben ir a buscar el material de la actividad presentada, a la vez que satisfacen la necesidad perpetua de moverse.

En las aulas de 3 a 6 años, un ejercicio diario consiste en caminar sobre la línea, que se practica en solitario o en grupo, para desarrollar el equilibrio.

En el Nido o la Comunidad Infantil, el movimiento es un elemento muy beneficioso para la evolución de los niños; limitar sus desplazamientos sólo es útil para los adultos. Sin embargo, esto no les da permiso para correr en el aula. Al contrario, se les enseña a caminar poco a poco, con gracia y educación, sin empujar a los demás. El juego del silencio, inventado por la Dra. Montessori cuando llevó a un bebé que estaba durmiendo a una clase de los pequeños, es un ejercicio, no una obligación, en el que los niños aprenden a permanecer tranquilos y en silencio.

43. Estoy concentrado, no me molestes
El secreto de los niños: su poder de concentración

Cuando estamos concentrados, nuestro cerebro está en plena actividad. Entonces, somos muy creativos y productivos. Para alcanzar ese estado de satisfacción, en el que damos lo mejor de nosotros mismos, debemos librarnos de cualquier distracción o interrupción.

Ciclos de trabajo ininterrumpidos

¿Por qué interrumpir una y otra vez a los niños que están concentrados en una tarea? En un aula Montessori, los ciclos de trabajo ininterrumpidos son esenciales para que los niños puedan elegir con libertad sus ejercicios y actividades, completarlas y repetirlas tantas veces como quieran, o bien cambiar de tema.

El respeto a la concentración es beneficioso para el desarrollo de la actividad cerebral de los niños. Además, aprender a concentrarse desde la infancia es aún más vital en un mundo lleno de distracciones como el nuestro. Evidentemente, en un aula Montessori, se respeta el ritmo de cada uno. Cuando los niños necesiten un descanso intelectual o estirar las piernas, pueden charlar discretamente con un amigo, salir, regar una planta, ir al baño o prepararse un tentempié...

Estos periodos de concentración, a diferencia de los horarios impuestos, en los que las actividades están dictadas a los niños, les permiten profundizar o dominar la actividad que los motiva.

44. Quiero conocer la realidad para imaginar mejor
«Dame las llaves del mundo»

En la pedagogía Montessori, antes de los 6 años, los niños aprenden conceptos basados en la realidad: reciben las «llaves del mundo». Esto no les impide imaginar su propio universo, pero adquieren conocimientos basados en fundamentos concretos.

Realismo ante todo

En esta edad, el niño no tiene la capacidad de diferenciar aquello que es real de lo que no lo es. Lo imaginario complica este periodo de transición en el que aprenden a adueñarse del mundo que los rodea. Es necesario que su imaginación se desarrolle de un modo natural y no se les imponga la de los adultos. Ciertos métodos, como el de Rudolf Steiner, se basan en la fantasía y la imaginación. Maria Montessori, por el contrario, no deseaba que los niños recibieran lo imaginado por los demás, sino que prefería facilitarles las herramientas para que pudieran explorar su propio poder imaginativo. Pensaba que un niño que viviera en un mundo fantástico corría el riesgo de marginarse, mientras que si se familiarizaba con la realidad, podía alcanzar la plenitud.

La capacidad de absorción de los niños menores de 6 años es otra buena razón para estar atento a la información que se les da. Una vez pasada esa edad, la mente lógica está formada y los niños disponen entonces de las herramientas para discernir lo verdadero de lo falso.

«La fantasía es muy interesante para los niños mayores y desconcertante para los más pequeños. Una enseñanza basada en la realidad es la mejor preparación para desarrollar una imaginación creativa. Debes asegurarte de que los cuentos que escuchen sean realistas, pues a esta edad los niños intentan comprender la vida que los rodea».
(Dra. Silvana Q. Montanaro, *Understanding the Human Being* [Comprender al ser humano])

45. Organización universal de las clases
Escuelas por todo el mundo

Sea cual sea la parte del mundo en que estén, las aulas de las escuelas Montessori se organizan de manera similar, salvo por algunos detalles relacionados con la cultura específica de cada país.

Los niños en su «globalidad»

Las aulas Montessori están diseñadas para los niños en su «globalidad». Están formadas por espacios distintos con el fin de responder a las necesidades basadas en los periodos sensibles, la «mente absorbente» y los cuatro planos de desarrollo (ver las reglas de oro anteriores).

Desde el Nido hasta la orientación Montessori para adolescentes, las diferentes secciones de un aula están diseñadas para satisfacer la curiosidad de los niños y estimular su deseo intrínseco de conocimientos. Así, las actividades se dividen en cuatro áreas materiales: vida práctica, vida sensorial, lenguaje y matemáticas.

En cada zona del aula se encuentra el material didáctico adaptado a la lección, que evoluciona en función de la edad. Las lecciones son preparadas y presentadas para que los niños puedan trabajar de manera independiente. El material relacionado con las actividades que el niño elige libremente está ordenado en las estanterías de izquierda a derecha. Esto permite que el niño pueda pasar de las actividades más sencillas a las más complejas, de lo concreto a lo abstracto, sin necesidad del educador. Los niños pueden trabajar solos o en grupo, según sus preferencias.

46. La ingeniosidad del material Montessori

Maria Montessori creó el material presente en las aulas utilizando aquello que tenía a su alcance. Tras experimentar y observar el comportamiento de los niños, decidió quedarse sólo con las herramientas que ofrecían beneficios pedagógicos directos. El material didáctico es universal y de una precisión científica. Se basa en los tres elementos siguientes:

1. Aislamiento de la dificultad

Cada actividad va acompañada de un objetivo pedagógico. Así pues, está formada por una sucesión de dificultades que representan la lección que se va a enseñar. El educador muestra el ejercicio por medio de movimientos lentos y aísla especialmente los momentos difíciles e importantes de la lección para asegurarse de que el niño los observa y los asimila. Si este ejercicio coincide con una «ventana de oportunidad», la lección no debe ser demasiado difícil para no desanimar al niño, ni demasiado fácil para que no se aburra.

2. Puntos de interés

El educador hace hincapié en los puntos de interés, los movimientos o las experiencias sensoriales que ayudarán al niño a aprender la lección. Estos puntos constituyen etapas hacia el objetivo final. Estimulan el interés del niño, despiertan su curiosidad e invitan a la repetición. Cada ensayo, cada error, cada duda y cada etapa acercan al niño a la comprensión.

3. Control de error

Cada actividad ofrece al niño los medios para evaluar sus progresos. El niño controla los ensayos, los errores y la repetición, lo que refuerza su motivación y autoestima. El control del error es un aspecto esencial de la autoeducación.

47. Quiero ser independiente
¡Viva la vida práctica!

Los niños, fascinados por las actividades diarias de los adultos, las ejercitan desde muy pequeños. Éstas, como enlace entre el hogar y la clase, desarrollan sus capacidades para ser autónomos.

Estas actividades se dividen en seis categorías

1. Ejercicios previos: son básicos. Aprender a servirse el agua, por ejemplo, ejercita la habilidad de las manos y desarrolla la coordinación entre los ojos y las manos. Se empieza con semillas, por ejemplo, y, a continuación, se incrementa la dificultad con la manipulación del agua. La agilidad de las manos prepara también para la escritura.

2. Aseo: valerse por sí mismo resulta esencial para ser independiente. El niño aprende a sonarse, a lavarse las manos, a abrocharse los botones...

3. Cuidado del ambiente interior: cuidar el entorno en el que se vive no sólo es aprender a limpiar después de derramar agua o unas semillas. También es embellecerlo...

4. Cuidado del ambiente exterior: en función del lugar donde se encuentre la escuela, será necesario regar el jardín, quitar la nieve, alimentar a los animales...

5. Alimentación: la cocina es un ámbito que apasiona a los niños, que siempre están listos para participar, y les permite abrirse a nuevos sabores. En las aulas Montessori se anima a los niños a preparar una comida en común; en algunas escuelas, por ejemplo, elaboran el pan.

6. Iniciación a la cortesía y la ayuda mutua: se enseña a los niños a saludar y a abrir una puerta de manera educada y aprenden a respetar la concentración de los demás.

Cómo enseñar a un niño a sonarse

Coloca una cesta con pañuelos y un espejo a la altura del niño. Invítale a que se mire en el espejo. Muéstrale, poco a poco, cómo se hace, sin demasiadas palabras, para que pueda concentrarse en tus movimientos. Invítale a que lo pruebe él mismo... La próxima vez, pídele simplemente que se mire en el espejo.

48. Estimulación de la inteligencia por medio de los sentidos

«No hay nada en nuestra inteligencia que no haya llegado a ella por medio de los sentidos». (Aristóteles)

El desarrollo de la inteligencia empieza en los niños gracias al ejercicio y el perfeccionamiento de las sensaciones y de los sentidos. Durante los tres primeros años de vida, los niños están en pleno periodo sensible para el perfeccionamiento de sus sentidos, que les proporcionan las bases del lenguaje. Mediante sus sentidos (oído, olfato, vista, gusto y tacto), el niño recibe imágenes e informaciones que le ayudan a comprender el mundo que lo rodea.

El material sensorial ideado por Maria Montessori se vio influenciado por los trabajos de Jean Itard, Édouard Séguin y del psicólogo alemán Wilhelm Wundt (1832-1920), quien elaboró por primera vez la actividad de la «torre rosa», que se ha convertido en un símbolo de la educación Montessori.

Siento, toco, veo, escucho, saboreo

Con la ayuda del material sensorial de la Casa de los Niños (a partir de los 2 años y medio), el niño perfecciona los sentidos. En esta etapa, el educador debe facilitarle la información precisa para que pueda enriquecer sus experiencias sensoriales. Al explorar sus propias impresiones y mejorar su percepción, el niño graba esas sensaciones intensas en su memoria.

Los ejercicios de la vida práctica se presentan antes que el material sensorial para asegurarse de que el niño tiene todas las capacidades físicas y mentales necesarias para sacar el máximo provecho de aquéllos. A su vez, este material sirve para preparar la siguiente etapa del desarrollo intelectual y académico.

Para satisfacer la necesidad natural de ordenar y clasificar, sólo se enseñan los conceptos primarios de los sentidos (por ejemplo, para el gusto, se habla de los cuatro sabores básicos: dulce, salado, amargo y ácido). Como los sentidos son complejos, el niño se encargará después de crear su propia interpretación de todos los matices.

Para consolidar la adquisición de estas bases sensoriales se utilizan juegos de memoria. Una vez que el niño ha recibido las bases del material sensorial, está en condiciones de usarlo para descubrir sus sentidos a su ritmo y explorarlos en porfundidad, una vez más. Esta exploración, que debe fomentarse, tiene lugar en un espacio de libre expresión sin la intervención del educador.

El niño posee entonces todas las herramientas para asimilar actividades más académicas con gran facilidad. El material sensorial está organizado por secciones en la Casa de los Niños.

Clasificación del material sensorial

- **Visual:** la vista y la capacidad para diferenciar los colores, las formas...
- **Auditivo:** el oído y la sensibilidad auditiva.
- **Táctil:** la capacidad para diferenciar el calor, la consistencia, el peso.
- **Olfativo:** función que permite que el olfato se ejercite.
- **Gustativo:** que tiene que ver con el gusto.
- **Exploración estereognóstica:** facultad para reconocer los objetos únicamente con el tacto.

49. Material sensorial preciso

Con el interés creciente por la pedagogía Montessori, en las aulas y en casa abunda una gran cantidad de actividades «inspiradas en Montessori». Centrémonos un momento en la propia esencia y el objetivo de este material, en especial el más frecuente: el material sensorial.

En la pedagogía Montessori, ningún detalle se deja al azar: todo está pensado y medido; de este modo, el material sensorial incluye características matemáticas precisas y utiliza el sistema métrico. Esto le permite al niño que lo explora y lo utiliza entrenar los sentidos con una gran precisión y, de este modo, «ver» y evaluar mejor las distancias, los pesos y las dimensiones.

Barras rojas...

Un ejemplo perfecto es el de las barras rojas, material sensorial que se les presenta a los niños de 3 años, aproximadamente, en la Casa de los Niños para introducir la experiencia sensorial de la longitud.

Las diez barras son idénticas salvo en longitud: la más pequeña mide diez centímetros y cada barra mide diez centímetros más que la anterior.

Gracias a la memoria muscular, el niño se dará cuenta de que la barra de un metro es la mayor sin necesidad de que nadie se lo diga; y esta noción le quedará grabada para toda la vida.

... y torre rosa

Otro ejemplo es la emblemática torre rosa, compuesta por diez cubos: se trata de otro material sensorial muy preciso, que invita al niño a explorar la noción de las dimensiones. Las aristas del cubo más pequeño son de un centímetro; cada cubo tiene una arista de un centímetro más que el anterior y el último mide diez centímetros de lado.

Para apilar los cubos se requiere una gran discriminación visual, coordinación y precisión. De un modo indirecto, el niño se prepara para comprender las raíces cuadradas, que abordará mucho más adelante en matemáticas. Además, entrena las manos para la escritura.

La torre rosa también permite aportar al niño un vocabulario más preciso para seguir explorando y responder a la necesidad de clasificar lo que tiene a su alrededor: pequeño, grande, menor que, mayor que...

Es importante conocer los objetivos indirectos de este material —de aspecto muy simple, pero muy rico— para elegir mejor o realizar actividades «inspiradas en Montessori».

Los niños y su inmenso potencial merecen un material preciso, de calidad, y, sobre todo, con un objetivo definido. Es primordial facilitarles el mejor material posible para desarrollar y respetar su inteligencia, y, asimismo, respetar el material como fue imaginado e ideado.

50. Manipulo para comprender las matemáticas...

La mente matemática, una competencia innata

Todos nacemos con una mente matemática para calcular, valorar y resolver las situaciones de la vida diaria. De todas las actividades presentes en la Casa de los Niños, no hay ninguna que sea más popular e inspire más entusiasmo que las matemáticas. La educación Montessori ofrece un enfoque concreto de éstas desde la edad más temprana, indirectamente con las actividades de la vida práctica, y, más tarde, con el material sensorial.

Se tiende a pensar que los niños son demasiado pequeños para interesarse por las matemáticas. Maria Montessori, por el contrario, percibió su capacidad de absorber, desde muy pequeños, la mayoría de los conceptos; de esta manera, ideó unas actividades previas a las necesidades académicas de la escritura y las matemáticas.

Cuando las matemáticas se convierten en un juego de niños

Cuando el niño domina las barras rojas, una de las actividades visuales del material sensorial, se le puede presentar la primera lección de matemáticas: las barras numéricas. El programa de matemáticas de la escuela Montessori sigue una secuencia determinada e introduce el concepto de las cantidades

antes que el de las cifras. El material remite a referencias visuales. Por ejemplo, con las barras numéricas, el niño se familiariza con el hecho de que la barra n.º 1 es menor que la barra n.º 2, que, a su vez, es menor que la n.º 3, etc. De este modo, comprende que cada cantidad tiene una cualidad: mayor, menor, más pesada... Sólo cuando haya asimilado la noción de cantidad, podrá acceder a las actividades que contengan símbolos o cifras.

Cuando el niño se sienta cómodo con ambos conceptos, se le propondrá que los asocie. Cuando todo ello coincida con un periodo sensible, las matemáticas se convierten en un juego de niños...

Programa de matemáticas en la clase de los niños de 3 a 6 años

Primera numeración de 1 a 10: exploración sensorial del número y los símbolos.
Sistema decimal: cubo de mil perlas doradas.
Numeración (11-99): tablas de Seguin y perlas.
Memorización con las tablas de multiplicar.
Paso a lo abstracto con la ayuda del ábaco pequeño y el grande.
Fracciones: exploración sensorial para empezar antes de sumar, restar y multiplicar.

51. Comprender el sistema decimal
Las perlas doradas

Antes de los 4 años, los niños pueden asimilar los números hasta el diez sin dificultad. Sin embargo, una barrera psicológica que puede obstaculizar la capacidad de numerar es el significado de los números; el material de Édouard Séguin resulta eficaz para ello, sobre todo las barras numéricas. Un segundo obstáculo reside en el enfoque de los números mayores, que pueden representar un concepto muy abstracto para los niños. Para responder a esta problemática, Maria Montessori ideó el material del sistema decimal, más conocido con el nombre de «perlas doradas».

Las perlas doradas constituyen un primer enfoque del sistema decimal. Al igual que todos los materiales Montessori, son manipulables, bonitas y fáciles de comprender. Están constituidas por:

- ⊕ unidades, representadas por perlas individuales,
- ⊕ barras de diez perlas,
- ⊕ cuadrados de cien perlas (formados por diez barras de diez perlas, unidas e indisociables),
- ⊕ cubos de mil perlas (constituidos por diez cuadrados superpuestos e indisociables).

Este material se utiliza para numerosos conceptos matemáticos, desde un simple recuento hasta el enfoque de los números mayores, pasando por las sumas, las restas, las multiplicaciones y las divisiones, abordadas de manera

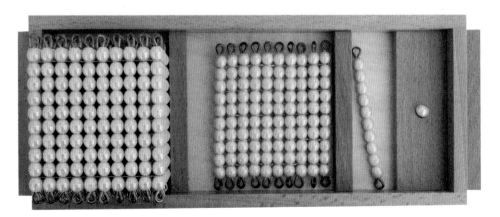

interactiva, concreta y sensorial. Sin darse cuenta, el niño se prepara indirectamente para abordar conceptos más complejos de álgebra y geometría. Tal vez hayas observado que a los niños les fascinan los números mayores: las múltiples posibilidades que ofrece este material satisfacen esta necesidad de contar cada vez más...

52. Ayúdame a expresarme
Una competencia importante
de la «mente absorbente»

La comunicación es una necesidad fundamental. Por tanto, es esencial que el lenguaje forme parte del ambiente del niño desde el nacimiento.

Durante este periodo sensible que va desde el nacimiento hasta los 6 años, el niño debe estar en contacto con un vocabulario amplio. Para satisfacer su necesidad de comunicar y para que adquiera los rudimentos del lenguaje, es indispensable que se le lean cuentos, se le canten canciones...

Aprendizaje progresivo
En la Comunidad Infantil, se da prioridad al lenguaje para permitir que el niño exprese sus necesidades en un periodo en el que desea poner un nombre a todo lo que tiene a su alrededor. La adquisición del lenguaje le dará la posibilidad de preguntar «¿qué es?» señalando los objetos con el dedo.

- **El material del lenguaje ayuda al niño a familiarizarse con su entorno** (tiempo, espacio y cultura). Para empezar, pueden usarse cosas que se encuentren en casa, como frutas y verduras, así como animales, vehículos y otros objetos reales en miniatura.
- **Cuando nos dirigimos a los niños, el vocabulario debe ser correcto y preciso,** incluso con los bebés. Aunque todavía no hablen, escuchan y absorben todo.
- **Más tarde, la exploración prosigue con la presentación de los objetos reales** asociados a su representación en dos dimensiones (dibujos, fotografías...).

- ⊕ **Cuando el niño asimila el concepto, sólo son necesarias las imágenes.** En la Casa de los Niños, perfeccionará el habla conversando y escuchando cuentos y canciones.
- ⊕ **Más adelante, el niño recibe una iniciación a la escritura, antes de abordar la lectura.** Sólo después empezará el estudio más en profundidad de la lectura, las palabras y la comprensión.

53. Las letras rugosas, el alfabeto móvil

Desde muy pequeños, los niños prestan atención a los múltiples símbolos que constituyen nuestro lenguaje escrito, los muestran con el dedo y quieren conocer su significado: las letras los fascinan.

Las letras rugosas Montessori son un material precioso para satisfacer esta necesidad de conocer e identificar los símbolos de nuestra escritura, gracias a una dimensión sensorial a la que el niño se muestra muy receptivo, en pleno periodo sensible del desarrollo de los sentidos.

¿Qué es una letra rugosa?

Es una pequeña tabla rectangular que contiene una sola letra escrita en letra ligada, recortada y de un material rugoso, como el papel de lija. **Al niño se le enseña a trazar una letra, con la punta del índice y del dedo del corazón, y se le asocia el sonido correspondiente.** Esta presentación tiene dos grandes funciones: llevar al niño por el camino de la lectura, descubriendo el sonido de cada letra, y de la escritura, entrenando su memoria muscular al trazar el símbolo. Esta pequeña tabla de madera, simple pero llena de significado, constituye el punto de partida de la escritura y de la lectura: ¡es toda una primera «lección»!

Como hemos mencionado antes, en la pedagogía Montessori la escritura precede a la lectura.

La escritura precede a la lectura

La escritura empieza a tomar forma con la siguiente lección, en la que se utiliza el alfabeto móvil. Cuando el niño domina entre diez y doce sonidos, se le muestra una caja grande con compartimentos que contienen, cada uno, varios ejemplares de una misma letra. Las letras pueden ser de plástico o de madera como en el material original. Se le propone al niño que muestre los sonidos que conoce: para una primera lección, por ejemplo, podemos dirigirnos a las letras de su nombre. Gracias a los sonidos que ya domina, podemos pedirle que forme una palabra simple de manera fonética; en esta fase, no buscaremos obtener la ortografía correcta ni pedir al niño que lea la palabra que ha formado. El objetivo es simplemente colocar letras una al lado de otra y dar un primer paso hacia la escritura.

Sólo cuando observemos que el niño está descifrando una palabra que ha creado él mismo o un compañero suyo, podremos presentarle la siguiente actividad, la caja de lectura (una caja que contiene pequeños objetos con las palabras correspondientes escritas en etiquetas pequeñas).

A partir de ese momento, asistimos a una verdadera explosión de la lectura, porque el niño ha entendido que leer consiste simplemente en asociar los sonidos a las letras escritas.

Es un momento maravilloso para observarlo en una clase.

54. La lección en tres tiempos
Para ayudar a los niños a asimilar determinados conceptos y palabras

Como su nombre indica, la lección se divide en tres fases. Ésta se inspira directamente en los trabajos del pedagogo Édouard Séguin y se enseña con sólo tres objetos a la vez.

1. **En un primer tiempo, el educador le dice al niño la palabra asociada a los objetos,** mientras los separa de los demás y los nombra con claridad. Por ejemplo, si le presenta unas tabletas de color, sólo le mostrará una y enunciará el color: «amarillo».

2. **En un segundo tiempo, una vez enumerados los tres objetos,** el educador le pide al niño: «Muéstrame el amarillo» o «Pon el amarillo aquí». De este modo, lo ayuda a asociar un objeto a un nombre recurriendo a su memoria a corto plazo. Esta fase debe ser la más larga y es la más importante en la adquisición del lenguaje. Se debe proseguir mientras el niño muestre interés. Si tiene dificultades, no sirve de nada obstinarse. Es preferible volver a intentarlo más tarde.

3. **El tercer tiempo se basa en la memorización (cognición).** El educador le pide al niño que nombre el objeto. Por ejemplo, toma el objeto de color amarillo y le pregunta: «¿Qué es?». Si el niño se equivoca, no hay que corregirlo, simplemente se debe volver a empezar la lección más adelante. Cabe observar que este método puede utilizarse con niños menores de 3 años. Sin embargo, como están desarrollando su facultad de expresarse, es poco probable que se pueda llegar al tercer tiempo. En este caso, sólo se le presentarán el primer y el segundo tiempo.

La lección en tres tiempos es un medio excelente para enseñar el lenguaje o cualquier otro conocimiento a los niños, en la escuela o en casa.

- Primer tiempo, nombrar: «Esto es...».
- Segundo tiempo, reconocer: «Muéstrame».
- Tercer tiempo, recordar: «¿Qué es?».

55. Método Montessori: una inversión de futuro

«Es demasiado difícil, da demasiado trabajo, no hay tiempo suficiente...».
Son críticas habituales cuando se oye hablar del método Montessori.

A pesar del ritmo frenético de la vida moderna, es importante observar a los niños, que viven y aprecian el momento presente y contemplan y exploran lo que les ofrece la vida. Es un buen ejemplo de sabiduría, ¿no? Si les facilitamos las herramientas para que se adapten a la vida que les espera, construiremos con ellos unas bases sólidas. Si desconocemos lo que el futuro les depara, debemos hacer todo lo posible para animarlos a desarrollar su potencial.

¿Para qué sirve el método Montessori?

¿Deseamos que los niños se conviertan en adultos capaces de actuar y pensar con independencia? ¡Por supuesto! Sin embargo, esto requiere una inversión y una confianza recíproca.

No se puede obligar a un niño a que coma o duerma, pero se puede controlar su entorno y sus costumbres y demostrar paciencia. Todos los esfuerzos que realizamos hoy para observar sus necesidades y responder a ellas, encontrar las herramientas adecuadas y comprender las fases de su desarrollo (la mente absorbente, los periodos sensibles, etc.) serán beneficiosos para su futuro.

El niño que recibe el apoyo necesario para favorecer el desarrollo de sus necesidades fundamentales no sólo estará preparado para la enseñanza académica, sino que también tendrá la capacidad de concentrarse, adaptarse, perseverar, pensar por sí mismo y comunicarse con los demás.

El niño que adquiera estas herramientas podrá cultivar la armonía a su alrededor a lo largo de su vida.

56. Una pedagogía inclusiva adapluda a todos

La educación Montessori se adapta a todos los niños sin distinción de origen, religión o condición socioeconómica, e incluye evidentemente a aquellos con diferencias físicas y neurológicas. La educación inclusiva proporciona a todos los niños la oportunidad de formar parte de una comunidad y de contribuir a ella, cada uno a su manera. Ningún niño está excluido.

En este ambiente inclusivo, los niños adquieren un importante espíritu de grupo y tienen la oportunidad de desarrollar sus aptitudes sociales y la empatía. Asimismo, refuerzan sus conocimientos trabajando con niños con dificultades y aprendiendo a ver que aquellos que tienen necesidades especiales son personas como las demás.

Un niño con necesidades especiales es un niño cuyas capacidades físicas, intelectuales, emocionales o sociales se desvían de la norma, hasta el punto de necesitar una atención especial.

En la actualidad, se observan más casos con problemas de desarrollo que afectan al bienestar académico, social y emocional de los niños.

Durante los últimos veinte años, los docentes han constatado un número creciente de niños con dificultades de desarrollo que requieren adaptaciones en la presentación del material Montessori.

Los educadores pueden seguir una formación especial para identificar mejor estas particularidades y adquirir las herramientas necesarias con el fin de ayudar a estos niños de la mejor manera. Asimismo, la evolución de la ciencia permite apoyar a las comunidades inclusivas Montessori y ayudar a los padres, en ocasiones desanimados por las dificultades a las que se enfrentan sus hijos.

Con el enfoque inclusivo Montessori, cada niño es un miembro importante de la comunidad y tiene la oportunidad de contribuir a ella, a su manera.

57. Elegir bien la escuela Montessori
Tómense el tiempo necesario para observar y reflexionar

¿Están interesados en una escuela Montessori para su hijo? Ahora que conocen el método, es importante que tengan presentes algunos detalles para acertar en la elección.

En primer lugar, tómense el tiempo necesario para visitar una escuela Montessori y observar una clase de la edad de su hijo.
A continuación, háganse las siguientes preguntas:

- ¿Nuestro hijo será feliz aquí?
- ¿El ambiente (aula) es acogedor, limpio y agradable?
- ¿O es un ambiente más bien opresivo y desorganizado?
- ¿Los adultos tratan a los niños con respeto y se ponen a su nivel?
- ¿Les dejan elegir las actividades?
- ¿El aula está tranquila y los niños, concentrados?

Consulten mis respuestas para comprobar si la escuela que les interesa sigue el método Montessori o simplemente se inspira en él:

- ¿Las aulas están constituidas por niños de edades mixtas (tres edades)? *Sí.*
- ¿Los niños tienen tiempo de repetir las actividades? *Sí.*
- ¿Cuál es la duración de los ciclos de trabajo ininterrumpido? *Entre dos horas y media y tres horas por la mañana.*
- ¿Hay educadores distintos para cada asignatura? *No, el educador principal Montessori está formado para impartir todas las lecciones.*
- ¿Los educadores están especializados por edades? *Sí.*
- ¿Hay un ambiente de libertad y orden al mismo tiempo? *Esto puede variar en función del momento del año o del día.*
- ¿Los niños son libres de elegir las actividades, desplazarse en el aula y observar a otro niño? *Sí, hay libertad de movimiento; los niños aprenden observando.*

Creo que el método Montessori es beneficioso para todos los niños. Sin embargo, no todas las familias están aún preparadas para aceptar los conceptos de Maria Montessori. Es importante compartir la misma visión que la escuela y el equipo educativo que elijamos para nuestros hijos, para garantizar una coherencia entre la clase y el hogar.

58. Decálogo del educador Montessori

Esta lista de diez puntos define el papel y la actitud del educador en relación con los niños.

1. **Nunca toques a un niño,** a menos que él te invite a ello (de una manera u otra).
2. **Nunca hables mal de un niño** en su presencia o ausencia.
3. **Concentra tus esfuerzos** en reforzar y favorecer lo positivo del niño.
4. **Centra toda tu energía para preparar el ambiente** (aula y material pedagógico). Pon un meticuloso y constante cuidado en él. Ayuda al niño a establecer relaciones constructivas con él. Muéstrale dónde se guarda el material y cómo debe utilizarlo.

5. Escucha y permanece siempre disponible para responder al niño que te llama y te necesita.

6. Respeta al niño que comete un error y que puede corregirse a sí mismo en el mismo momento. Pero intervén con firmeza para impedir cualquier mal uso del material y cualquier acción que pueda poner en peligro o molestar a los niños.

7. Respeta al niño que descansa, observa cómo trabajan los demás o piensa en lo que ha hecho o hará. No lo llames ni lo fuerces a otras formas de actividad.

8. Ayuda a aquellos que buscan una actividad y no la encuentran.

9. No te canses de repetir presentaciones de actividades al niño que las ha rechazado antes. Ayúdalo a que adquiera lo que todavía no ha asimilado para que pueda superar sus imperfecciones. Para ello, anima el ambiente (el aula) con atención, con una actitud reservada, por medio de palabras amables y una presencia amorosa. Procura que el niño perciba tu bondad y disponibilidad.

10. Trata siempre al niño con mucha educación y ofrécele lo mejor de ti mismo.

59. Convertirse en educador Montessori
«Una ayuda a la vida» que va desde la concepción hasta la madurez

Existen cursos de formación en todo el mundo con cuatro niveles de estudio. Desde hace poco, el método también se utiliza con personas mayores que sufren alguna deficiencia mental.

Todos los cursos que ofrecen los institutos de formación oficiales permiten comprender en profundidad la filosofía Montessori, así como enfocar con claridad y precisión la totalidad del material didáctico correspondiente a la franja de edad que se estudia.

Tanto si se trata de la formación para los más pequeños, como para la Casa de los Niños o para los adolescentes, cada estudiante debe elaborar un conjunto de herramientas de referencia, los «álbumes», que son clasificadores que recopilan todos los conocimientos que se han aprendido durante la formación y la descripción exacta del material y su utilización. Estos álbumes siguen un índice definido por la AMI y son una síntesis de todo aquello que ha sido abordado durante el curso (o cursos).

Más tarde, una vez que el educador haya obtenido la titulación, constituirán una valiosa herramienta de trabajo.

Además, para cada nivel de formación, se requieren muchas horas de observación y práctica.

Asimismo, existe una formación de asistente, más breve, que facilita los conocimientos necesarios para ayudar a un educador en un ambiente Montessori.

60. Convertirse en educador Montessori
para los más pequeños, desde el nacimiento hasta los 3 años

La formación del educador Montessori para niños desde el nacimiento hasta los 3 años fue creada en 1947. Aplica la teoría Montessori a la vida prenatal, el embarazo y el parto, y aborda el desarrollo anatómico y fisiológico del niño y su cerebro, la alimentación y la higiene.

Esta formación brinda la posibilidad de estudiar la teoría de la pedagogía Montessori en su conjunto, además del enfoque fisiológico y psicológico del desarrollo de los niños desde el nacimiento hasta los 3 años, así como nociones de neuropsiquiatría. Ofrece, además, información sobre los problemas modernos de la educación, sobre todo los relacionados con niños con necesidades especiales.

También facilita las herramientas necesarias para crear un ambiente adaptado a los más pequeños (Nido o Comunidad Infantil), para guiar a los niños y adaptar el entorno a sus necesidades específicas, además de apoyar a los padres en su nuevo papel.

Con tal fin, el educador puede preparar algunos talleres de intercambio sobre la educación o ayudar en la preparación del ambiente en casa antes de la llegada del bebé.

61. Convertirse en educador Montessori
para niños de 3 a 6 años

La formación del educador Montessori para la Casa de los Niños (3-6 años) fue creada en 1909 y se basa en las actividades particulares características de los niños de esta franja de edad.

Esta etapa permite estudiar en profundidad el aspecto teórico de la pedagogía Montessori y los conceptos básicos del desarrollo de los niños. Además, tiene el objetivo de enseñar a los futuros educadores todas las presentaciones que se realizan a los niños durante este ciclo de tres años (es decir, que deben conocer a la perfección todo el material, su utilización y la manera exacta de presentárselo a los niños por primera vez). Durante la formación, las presentaciones se hacen de forma oral, como sucede en presencia de los niños, lo cual permite que cada estudiante reformule la presentación en su álbum con sus propias palabras. El conjunto de álbumes creados durante la formación tiene mucho valor: constituyen para el educador una referencia que podrá consultar con regularidad para trabajar con la mayor eficacia con los niños.

El educador de la Casa de los Niños tiene la función de proporcionar las «llaves del mundo» a todos los niños a quienes tiene la suerte de acompañar.

62. Convertirse en educador Montessori
para niños de 6 a 12 años

La formación del educador Montessori de primaria (6-12 años) enseña los conceptos más abstractos de los ámbitos de las matemáticas y las ciencias; además, profundiza en el uso del lenguaje.

Forma a los educadores para ayudar a los niños que ya tienen uso de razón y buscan comprender su lugar en el universo; este periodo se suele describir como el de la «educación cósmica».

Además del aprendizaje teórico y el enfoque de los temas relacionados con el desarrollo de los niños, la formación del educador de primaria brinda a los estudiantes la oportunidad de aprender y asimilar las cinco «Grandes Lecciones» que explicarán a los niños. Asimismo, aprenden las distintas maneras de animar estas lecciones y de ayudar a los niños a proseguir su búsqueda de respuestas e información relacionadas con ellas.

63. Convertirse en educador Montessori
para chicos de 12 a 18 años

La orientación Montessori para adolescentes (12-18 años) se concentra sobre todo en la seguridad y la autoconfianza de los adolescentes.
Esta formación permite llevar a cabo un enfoque global de los adolescentes, especialmente a través de la psicología y la filosofía. Hace hincapié en el papel del educador durante este periodo tan delicado de la vida de los muchachos y permite adaptar su actitud para acompañarlos mejor.

En este caso, la observación es la primera herramienta. La formación enseña a los educadores a relacionar sus competencias específicas (en matemáticas, ciencias, historia, literatura...) con un modelo que ofrece a los chicos la libertad que necesitan en un marco bien definido.

Maria Montessori no estableció un programa de formación detallado para esta franja de edad como hizo con los dos planos de desarrollo anteriores. Por ello, es más difícil encontrar institutos Montessori. Sin embargo, con el fin de ofrecer una continuidad en la educación de los niños que finalizan primaria, hay colegios que intentan aplicar los principios de Maria Montessori más allá de los 12 años, basándose en sus textos e investigaciones teóricas sobre los adolescentes.

64. Montessori para personas mayores

Los principios del método Montessori se utilizan en la actualidad con personas mayores o con algún grado de dependencia; de este modo, se crean ambientes adaptados con herramientas para estimular su actividad cerebral y su memoria, con lo cual pueden conservar su independencia durante más tiempo y ayudan al mismo tiempo a sus familiares.

Hay ideas muy simples que pueden ayudar a las personas mayores que sufren trastornos de la memoria: poner etiquetas en su entorno más cercano, crear un libro o una caja de recuerdos... Este enfoque se basa en los mismos principios que se aplican a los más pequeños: permitir la autonomía y la independencia en un marco seguro y protector para ofrecerles una función, con la oportunidad de contribuir a la vida en comunidad al mismo tiempo que conservan su autoestima.

Este proyecto, creado en Australia, se ha extendido con rapidez por el mundo y aporta una ayuda importante a las personas mayores, en su domicilio o residencia, en particular a aquellas que sufren trastornos cognitivos, como la enfermedad de Alzheimer. Sus ambientes se preparan del mismo modo que un educador prepara los de una Comunidad Infantil o una Casa de los Niños; así, se proporciona a las personas mayores las herramientas para actuar por sí mismas, siguiendo sus propios intereses.

En la actualidad, existen cursos de formación destinados a profesionales o familiares de las personas mayores y dependientes para que puedan aplicar estas herramientas en casa o en un centro.

Para obtener más información, puedes consultar la siguiente web:

www.montessoridementia.org

65. Educadores sin fronteras

«La educación es la mejor arma para la paz».
(Maria Montessori, mayo de 1937)

A Maria Montessori le gustaba recordar que nuestra salvación vendría de manos de los niños. Hoy, su herencia se perpetúa con Educadores sin Fronteras, un organismo fundado en 1999 por su nieta Renilde Montessori y su hijo Mario. Fue creado por la Asociación Montessori Internacional (AMI) para defender la causa de los niños y aplicar los principios del método Montessori en la sociedad global. El método Montessori es una herramienta valiosa para los padres, trabajadores sociales y todas las personas implicadas en el desarrollo del ser humano.

Puede ayudar a los niños abandonados, a los discapacitados, a los que están hospitalizados durante un largo periodo de tiempo, a los que son víctimas de la violencia y, en definitiva, a cualquier niño que esté en situación de peligro.

Estos son algunos ejemplos de proyectos realizados por Educadores sin Fronteras:

⊕ **En el Reino Unido, Born Inside: este proyecto tiene el objetivo de acompañar en la crianza a las residentes de la unidad «Madre e hijo» de dos cárceles del país,** especialmente por medio de sesiones comunes en un ambiente adaptado a los más pequeños dentro de la cárcel.

⊕ **En Kenia, Corner of Hope: este proyecto ha permitido crear escuelas Montessori en comunidades vulnerables,** por ejemplo, en campos de refugiados. La asociación ayuda a la población con la aportación de material y respaldo económico, la formación de educadores y el apoyo en la construcción de edificios, con el objetivo de reunir a toda la comunidad alrededor de un mismo proyecto.

⊕ **En Texas (Estados Unidos), Lumin Education: se trata de un programa que se desarrolla en un barrio desfavorecido de Dallas para acompañar en la crianza,** en especial, a más de doscientas familias recientemente inmigradas. Ofrece visitas a domicilio efectuadas por educadores bilingües para informar a los padres sobre el desarrollo de los niños y aportarles una ayuda en la crianza. El programa incluye un seguimiento de las familias, grupos de conversación y reuniones informativas, así como el acceso a los servicios de sanidad.

⊕ Para más información, consulta la web de Educadores sin Fronteras: https://montessori-esf.org/

66. La influencia de Maria Montessori en la educación de nuestros hijos

Es importante destacar que los trabajos de Maria Montessori no sólo dieron lugar al método de educación que lleva su nombre, sino que también han influenciado nuestro sistema educativo y nuestra visión de los niños.

Antes del interés y la dedicación que mostró Maria Montessori por el bienestar de los más pequeños, se habían realizado pocos esfuerzos para facilitar la vida a los niños con unos muebles de tamaño adecuado para ellos, por ejemplo, o simplemente para intentar comprender cómo transmitir de modo eficaz nuestros conocimientos a las generaciones futuras.

Hoy, pueden encontrarse con facilidad muebles diseñados para los niños; y en las clases tradicionales, cada vez hay más rincones reservados a «talleres individuales» y actividades inspiradas en la realidad y la vida diaria de los niños.

Sin embargo, todavía queda mucho para que la visión de la educación cambie por completo y responda realmente a las necesidades del desarrollo de los niños. Por eso, es importante reconocer que los trabajos de hace más de un siglo de Maria Montessori han abierto el camino al cambio y a la búsqueda de métodos alternativos para lograr un mayor respeto de los niños y su inmenso potencial.

Una pedagogía alternativa cada vez más bien valorada

La pedagogía Montessori se va instalando cada vez más en las clases de educación infantil de las escuelas públicas, gracias a distintas pruebas experimentales que se están llevando a cabo en las aulas de escuelas de la red de educación pública de la mano de educadores formados en esta pedagogía. Los resultados de estas experiencias están siendo tan positivos que han logrado inspirar a miles de profesores.

¡Gracias, Maria Montessori!

Montessori en casa

Todo un estilo de vida

Los principios pedagógicos del método Montessori se trasladan fácilmente a la vida diaria de los padres.

La naturaleza crea un ambiente prenatal ideal; asimismo, se debe preparar la llegada del bebé con serenidad y las mejores condiciones posibles. Dado que después del nacimiento, el hogar se convierte en el primer espacio que el recién nacido va a explorar, los principios Montessori pueden aplicarse desde el comienzo en casa.

67. Los padres también tienen periodos sensibles

Esperan un bebé, eres el padre, la madre o uno de los abuelos; es una gran responsabilidad, adoptes el método Montessori o no. Ser padre o madre se aprende, pero quieras o no, pasas a serlo con la llegada del recién nacido, sin manual ni escuela especializada para prepararte. A pesar de todo, aceptamos esta misión y tratamos de ser ejemplares dando lo mejor de nosotros mismos.

Cada embarazo es diferente y cada persona posee su propia historia y su propia infancia, que la guían en esta nueva aventura que es la crianza.

¡Ser los mejores padres que sea posible!

En la actualidad existen muchos libros que pueden aportar una ayuda preciosa en los primeros pasos de ustedes como padres. Pero no olviden que cualquier aprendizaje requiere paciencia y práctica.

Ser padres no significa estar solos. Es muy importante que puedan encontrar ayuda en un grupo, una comunidad que comprenda y respete a los padres que ustedes quieren llegar a ser. Si he aprendido algo después de años ayudando a padres y guiándolos a la mejor versión de sí mismos, es que ante todo deben tener cuidado.

68. Tras el nacimiento, el «periodo simbiótico»

Cuando nace, el bebé humano depende totalmente del adulto. Se distingue así de los demás mamíferos que, muy a menudo, empiezan a andar poco después de nacer. Esto se explica por el tamaño del cerebro humano, que es mucho mayor y complejo que el de los demás mamíferos y necesita mucho más de nueve meses para alcanzar la madurez.

Sin embargo, si el bebé tuviese que esperar tanto para nacer, sería demasiado grande para pasar por la pelvis de la madre... Por tanto, en cierto modo se puede decir que, tras el nacimiento, el embarazo prosigue fuera del cuerpo de la madre.

Los primeros dos meses son especiales: el bebé y la madre aprenden a conocerse de otro modo, sin el precioso cordón umbilical que mantenía al bebé en plena forma. **Se trata de un periodo de transición entre los nueve meses pasados en la más absoluta intimidad y el descubrimiento del mundo exterior.** Maria Montessori lo denomina «periodo simbiótico»: una verdadera etapa de simbiosis entre la madre y el bebé.

Tras el nacimiento

Para el bebé, todo cambia: pasa de un entorno homogéneo, con una temperatura siempre igual y bien controlado, protegido de las luces y arrullado por los sonidos del cuerpo de su madre, a otro en el que todo cambia. Debe regular él mismo la temperatura y respirar para obtener el oxígeno, todo ello bajo una luz a veces cegadora, rodeado de nuevos sonidos y pasando a menudo de unos brazos a otros. Por tanto, necesita una continuidad para encontrar la tranquilidad, que consigue con el contacto con el cuerpo de su madre: reencuentra su olor, los latidos de su corazón, su voz... Este periodo también es importante para la madre: es la etapa del vínculo, durante la cual necesita estar lo más cerca posible del bebé que ha llevado tanto tiempo en su vientre. Así, a lo largo de seis a ocho semanas, madre e hijo son como una sola persona, como durante el embarazo. Pese a que el niño nace biológicamente en el momento del parto, Maria Montessori considera que su nacimiento psíquico tiene lugar tras este periodo de simbiosis.

Tres tipos de contactos son especialmente constructivos durante estas primeras semanas:
- **Los brazos,** que responden a la necesidad de proximidad, seguridad y sostén del bebé.
- **La manera de manipular al bebé** durante sus cuidados, por ejemplo, porque ello facilitará información al bebé sobre el estado de ánimo de sus padres, la atención y el amor que le ofrecen.
- **La lactancia materna o el biberón,** verdadero momento de unión y de vínculo, que alimenta al bebé física y psíquicamente con las miradas y la proximidad de sus padres (sobre todo, la madre cuando amamanta al bebé).

¿Y qué ocurre con el padre?

El padre es, por supuesto, un actor esencial durante el embarazo, el nacimiento y, en particular, el «periodo simbiótico». Para él, esta etapa es también la del vínculo y cuando se convierte en padre de manera concreta. Ante todo, es el guardián de la simbiosis entre la madre y el bebé, y aporta la ayuda y la protección necesarias para el buen desarrollo de estas primeras semanas de vínculo.

Este periodo de vínculo entre los padres y el bebé resulta primordial para éste, porque permite al bebé tener una confianza total en su entorno, para avanzar mejor en dirección al mundo y que tenga ganas de descubrirlo. Gracias a este fuerte vínculo, tu hijo podrá separarse de ustedes de manera sana y serena, guiado por su curiosidad.

69. La casa Montessori

La «casa adaptada», según la filosofía Montessori, ofrece un sinfín de ventajas. Facilita la estimulación precoz y la adaptación de su hijo a su espacio. Imagina que debes preparar tu casa para la llegada de un invitado muy importante, que se va a quedar durante un largo periodo, y cuyas necesidades, que son distintas de las de ustedes, van a evolucionar de manera natural con el tiempo.

Los cuatro espacios básicos que hay que considerar como los puntos de referencia de su hijo son:

- la zona destinada al **sueño**;
- la zona destinada a las **comidas**;
- la zona destinada a los **cuidados corporales**;
- la zona destinada al **movimiento**.

Los espacios del niño deben ser sencillos y ordenados; el número de juguetes y actividades debe ser limitado, y el niño debe poder acceder a ellos con facilidad.

70. Una cama baja para mi bienestar
No a la reclusión de la cuna

En casa, el primer espacio de referencia para el niño es el lugar donde se tumba para dormir. A diferencia de la opción tradicional de la cuna para bebés, que responde sobre todo a la necesidad de tranquilidad de los adultos, en una casa Montessori, se prefieren las «camas bajas», abiertas y colocadas sobre el suelo.

Ventajas de la cama baja

El bebé puede descubrir su espacio destinado al sueño mientras desarrolla su agudeza visual. Si es necesario, un adulto puede tumbarse con él. Esta cama ofrece al niño una gran libertad de movimiento. Si bien es cierto que el recién nacido puede darse la vuelta y caer de ella, si se toma algunas precauciones no se hará daño y entenderá enseguida que es más cómodo quedarse en el colchón. Los adultos deben tener confianza: el niño aprenderá con la experiencia.

Con una cama baja, el niño puede tumbarse solo cuando esté cansado, sin tener que esperar que un adulto lo lleve a la cama. «Entonces —uno puede preguntarse—, ¿también puede levantarse solo?». Efectivamente, pero si desde muy pequeño está acostumbrado a un ambiente seguro y preparado, jugará por la mañana con sus pocos juguetes. Esta transición también puede efectuarse más tarde, si no se ha optado por la cama baja desde el principio, pero por lo general será más complicado obtener los resultados que acabamos de describir.

Dormir es una costumbre que se aprende. Si enseñamos pronto al niño «dónde» y «cómo» debe hacerlo, adquirirá muy rápido unas costumbres que son beneficiosas para todos.

71. El *topponcino*, Montessori desde el nacimiento

Tal vez nunca hayas oído hablar de él y, sin embargo, el *topponcino* es un objeto indispensable durante los primeros meses de vida de tu bebé. Es ovalado, blando y muy fino, a medio camino entre un colchón y una almohada. Puede usarse desde que el bebé acaba de nacer y durante semanas, e, incluso, meses, según la estatura del niño y sus necesidades.

El *topponcino,* ideal para que lo lleve un adulto o un niño, conserva el calor del bebé y su olor familiar mientras pasa de unos brazos a otros. Con ello se convierte en un espacio de referencia que proporciona mucha seguridad. En los brazos de un adulto (o de otro niño), el bebé está bien arropado y menos manipulado, lo que resulta muy cómodo tanto para la persona que lo sostiene como para el propio bebé. Además, facilita mucho la acción de llevar al bebé dormido hasta la cama, sin perturbar su sueño, ya que se puede dejar sobre la cama baja y ya está.

Por supuesto, esto no impide los momentos de contacto piel con piel y la proximidad corporal de los padres.

Cómo confeccionar un *topponcino*

Los *topponcinos* pueden encontrarse cada vez en más tiendas.
A continuación, ofrecemos las instrucciones para que puedas confeccionar tu propio *topponcino* para tu bebé, si lo deseas.

Material necesario:
- una máquina de coser o una aguja e hilo,
- una hoja grande para dibujar el patrón,
- guata gruesa para el relleno del colchón,
- tejido de algodón ecológico para el colchón,
- tejido de algodón fino para la funda.

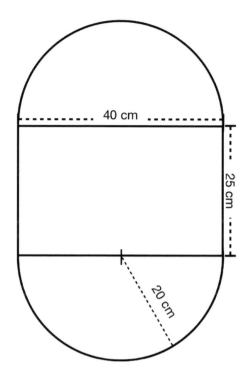

Paso n° 1: patrón (figura 1)

Dibuja en una hoja grande un rectángulo de 25 x 40 cm. Traza el punto medio de los dos lados mayores: serán los centros de dos semicírculos, de 20 cm de radio, que dibujarás con la ayuda de un compás. Así obtendrás una bonita elipse.

Paso n° 2: colchón

- Recorta en la guata gruesa una elipse con la ayuda del patrón que acabas de dibujar. Según el grosor que desees, puedes superponer varias capas de guata.
- Recorta en el tejido de algodón grueso dos elipses, añadiendo 1 cm alrededor para el borde de la costura.
- Superpón las dos elipses que has recortado, bien alineadas, y cose los bordes dejando una abertura suficientemente grande para introducir la guata. Da la vuelta a la labor, mete la guata y cierra a mano.
- Para que la guata se mantenga dentro de la funda, deberás coser algunos puntos (de cinco a seis son suficientes), repartidos por el colchón.

Paso n° 3: funda lavable

Ahora que ya tienes el colchón, necesitas una funda. Esta se presenta con una abertura idéntica a la de una funda de almohada clásica, para poder introducir fácilmente el colchón en su interior y que este se mantenga bien en él.

Recorta el tejido de algodón fino en tres pedazos:

⊕ El primero será la parte delantera de la funda, donde se pone al bebé. Recorta una elipse entera siguiendo el patrón; recuerda que debes añadir un borde de costura de 1 cm.

⊕ Los dos trozos siguientes formarán la parte posterior de la funda. Recorta dos semielipses, a las que añadirás 10 cm correspondientes a la zona de superposición de los tejidos; no te olvides del borde de costura de 1 cm. Cose un dobladillo a lo ancho en cada pedazo de tela.

⊕ Superpón, bien alineados, la parte delantera de la funda y los dos pedazos de la parte posterior. Cose alrededor. Repasa y da la vuelta a la funda para volver a ponerla al derecho; introduce el colchón.

¡Ya tienes tu *topponcino*! Si lo deseas, puedes coser varias fundas de remplazo.

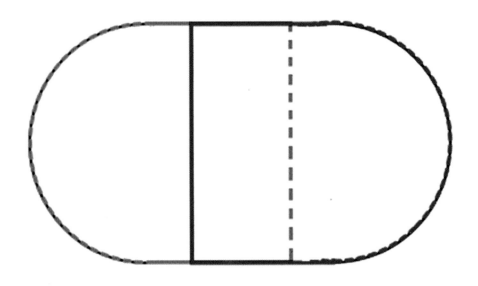

72. La zona de la comida entre el nacimiento y los cinco meses

Antes del nacimiento del bebé, tal vez ya hayas elegido el modo en el que deseas alimentarlo: lactancia materna o biberón. La Organización Mundial de la Salud recomienda la lactancia materna exclusiva, desde los primeros instantes de vida hasta los seis meses, y, a continuación, en alternancia con una alimentación sólida hasta los 2 años. Por supuesto, se trata de simples recomendaciones: lo más importante es que estés a gusto con la manera de alimentar a tu bebé, para que los momentos de las comidas sean lo más placenteros posible.

Muchas madres consideran que están mal informadas sobre la lactancia y sienten aprensión o se sienten solas ante la decisión de dar el pecho o no a sus hijos. No dudes en pedir consejo desde el embarazo a una comadrona o asesora en lactancia, quien dará respuesta a todas tus preguntas.

Alimentar a tu hijo: unos instantes privilegiados

Se le dé el pecho o el biberón, el espacio en el que se alimenta al bebé debe ser tranquilo y propicio para la intimidad. Se trata de instantes preciosos para el niño, que siente toda la atención y el cariño que se le da. Se recomienda evitar cualquier tipo de distracción, como las pantallas. Estos momentos de tranquilidad son fundamentales para el desarrollo de los niños y la confianza que establece con el mundo que descubre.

Si el espacio lo permite, coloca un sillón confortable en la habitación del bebé o en un lugar tranquilo y agradable; prepara todo lo que necesites para alimentar a tu bebé para que no tengas que levantarte: un poco

«Si bien es técnicamente posible dar el pecho mientras se lee un libro, se habla con alguien o se mira la televisión, debemos darnos cuenta de que si hacemos una de estas cosas, estamos separando la alimentación psíquica de la alimentación biológica».
(Silvana Quattrocchi Montanaro, fragmento traducido de *Understanding the Human Being* [Comprender al ser humano])

de agua, compresas o discos de lactancia (si le das el pecho), pañales, pañuelos, una pequeña lámpara... Tener un lugar especialmente dedicado a la lactancia permite crear hábitos estructuradores para el bebé; por supuesto, también necesitarás alimentarlo cuando estés fuera, pero tener la posibilidad de disponer de este lugar tranquilo y confortable será reconfortante para ti y para el bebé.

73. La zona de la comida para el destete

La leche materna y la leche maternizada cubren las necesidades de nutrición del bebé durante los primeros meses de vida. Hacia los seis meses, el niño empieza a mantenerse sentado, le salen los primeros dientes, controla cada vez mejor las manos, quiere explorar todo, dispone de la enzima necesaria para digerir los alimentos sólidos, la leche materna deja de aportar todo el hierro que precisa...: se prepara fisiológica y psicológicamente para descubrir otra alimentación. Es un gran momento: el inicio del destete y del camino hacia la independencia.

La comida, un momento importante en la vida familiar

Cuando el niño empieza a interesarse por los alimentos sólidos, se puede utilizar una pequeña mesa y una silla para que descubra esta nueva etapa. Para esta fase, también se puede optar por una periquera, preferiblemente sin bandeja, para que el niño participe en las comidas con el resto de la familia. La vida social alrededor de las comidas constituye un momento crucial para el niño. Aprende a explorar los sabores y las texturas, imita a los adultos y se comunica con la familia. Esta comunicación, sin distracciones ni pantallas, también permite desarrollar su vocabulario. Comer en familia es un momento privilegiado en el que intercambiar ideas. Esta costumbre será una herramienta irreemplazable para mantener la comunicación en la adolescencia.

Por lo general, se dan a descubrir los alimentos sólidos a los niños en forma de purés; sin embargo, la diversificación alimentaria también debe ser un momento de descubrimiento sensorial y de autonomía.

«El destete es un momento crucial de la vida del bebé [...]. Es el momento de la desvinculación, una desvinculación positiva, que permite que el niño desarrolle un sentimiento de autonomía e independencia». (Silvana Quattrocchi Montanaro, fragmento traducido de *Understanding the Human Being* [Comprender al ser humano])

En este sentido, se habla cada vez más de alimentación complementaria dirigida por el bebé (o alimentación complementaria a demanda o destete dirigido por el bebé). Se trata de un enfoque que propone dar al niño alimentos cocinados en trozos suficientemente grandes para que pueda llevárselos a la boca para lamerlos, mordisquearlos, sentirlos... y tal vez comérselos. Sin embargo, consulten a su pediatra antes de iniciar este tipo de alimentación. Además, numerosas webs especializadas les pueden facilitar la información necesaria para aportar esta alimentación sin peligro, porque deben estar seguros de que les conviene tanto a ustedes como a su bebé.

74. Una cocina adaptada para ayudarme a valerme por mí mismo

Ya lo habrás observado: los niños suelen tener muchas ganas de ver lo que sucede en la cubierta de la cocina cuando estás ante la estufa. Sin embargo, aunque la cocina sea un lugar fascinante, dista mucho de estar adaptada a las manitas curiosas de nuestros hijos. A pesar de todo, con algunos acondicionamientos muy sencillos se puede convertir en un lugar alegre, de aprendizaje y de intercambio.

⊕ **Empieza poniendo en la cocina un banco suficientemente alto** para que tu hijo pueda acceder al fregadero y la encimera. Si tienes la suerte de ser milusos y contar con el material suficiente, puedes lanzarte a la construcción de una «torre de observación»: unas tablas bien colocadas sobre un banco de madera y tendrás un lugar seguro para que los más pequeños puedan participar en la preparación de la comida. Con este objetivo, encontrarás tutoriales muy claros en muchos blogs.

⊕ **Para favorecer la autonomía de tu hijo y las ganas de valerse por sí mismo, prepara en la cocina un lugar destinado a él:** un pequeño mueble que esté a su altura, un cajón o incluso una estantería. Puedes poner platos, vasos, cubiertos, algo para preparar un tentempié, servirse agua... Muchos utensilios sirven para facilitar la vida de los niños (y la tuya), como un cortador de manzanas, por ejemplo (aunque, ¡cuidado porque corta!: muéstraselo sólo cuando veas que tu hijo está preparado para usarlo sin peligro).

⊕ **No te olvides de poner a disposición de tu hijo algunos utensilios de limpieza** para después de cocinar: una esponja, un paño, una servilleta, un bote de basura...

⊕ **Dale la posibilidad de que se siente solo a la mesa:** instala una mesa y una silla adaptadas a su estatura u opta por una silla evolutiva en la mesa familiar.

Aprender a prepararse la merienda y ayudar en la cocina son factores esenciales en la relación con los alimentos. A menudo, me preguntan: «¿Qué puedo hacer con mi hijo? Siempre llama la atención cuando debo preparar la comida». Nada de eso: quiere participar, tocar, sentir, saborear. Aprovecha la oportunidad. Una cocina adaptada a los pequeños es un maravilloso lugar de estimulación, rico en actividades prácticas y propicio para el aprendizaje

del vocabulario o de las matemáticas. El niño aprenderá también a probar los distintos alimentos y a comer de todo.

75. Guiar a tu hijo en las nuevas competencias

Una de las reglas de oro para transmitir a un niño una competencia o un gesto es realizar su demostración con movimientos lentos, evitando al máximo las explicaciones superfluas.

Para presentar una nueva actividad a un niño, en la escuela o en casa, es importante concentrarse en los movimientos que deben dominarse. Si ralentizamos los gestos, el niño puede absorber la acción y concentrarse en el punto de interés de la actividad en cuestión. Al mismo tiempo, debemos evitar acompañar los gestos con palabras inútiles; de hecho, los pequeños se distraen fácilmente con nuestra voz y eso les impide observar nuestros movimientos.

Por ejemplo, para enseñar a un niño cómo untar una rebanada de pan con mantequilla, empieza explicándole lo que vas a hacer: «Mira, te voy a enseñar cómo untar el pan con la mantequilla». Nombra todo el material y los utensilios que necesitas y, en el momento en el que vayas a untar el pan, ralentiza los movimientos, sin pronunciar una palabra. A continuación, invita al niño a que intente realizarlo solo. Ten presente que hará falta tiempo y práctica para que domine esta nueva competencia. Es inútil que lo corrijamos: proponle simplemente que le vuelvas a enseñar cómo se hace.

Según la edad de tu hijo tu implicación será distinta. La cocina es el lugar ideal para aprender y compartir momentos familiares; es importante que le des a tu hijo una autonomía adaptada a su desarrollo para que pueda valerse por sí mismo (la receta de la página siguiente se adapta a todas las edades). Hacia los 2 o 3 años, deberás pesar los ingredientes antes de empezar a preparar la receta y colocarlos en pequeños recipientes por separado: tu hijo podrá entonces pelar los plátanos y aplastarlos, verter todo y mezclarlo solo (¡o casi!). Un poco más adelante, podrás encontrar una unidad de referencia (un tarro de yogur; por ejemplo, para 225 g de harina es necesario el

Receta familiar: pastel de plátano

Esta es una receta muy fácil que puedes preparar fácilmente con tu hijo.

Ingredientes

- 3 plátanos maduros
- 225 g de harina
- 75 cl de aceite de girasol (u otro de tu elección)
- 80 g de azúcar integral
- 3 cucharaditas de levadura
- 2 cucharaditas de canela
- 1 cucharadita de jengibre
- chispas de chocolate (opcional)

1. Precalienta el horno a 180 °C.

2. Pela los plátanos y aplástalos hasta que obtengas un puré.

3. Pon el puré de plátano en un cuenco, añade el aceite, el azúcar, la canela y el jengibre, y mezcla con la ayuda de unas varillas.

4. Sin dejar de mezclar, añade la harina, la levadura y las chispas de chocolate, si las usas.

5. Cuando la preparación tenga una textura lisa, ponla en un molde para bizcochos previamente engrasado con aceite (o forrado con papel sulfurizado). Es preferible que el molde sea de metal.

6. Hornea durante 30 minutos.

equivalente de tres tarros de yogur) y preparar para tu hijo una ficha ilustrada para que pueda cocinar el pastel con la mayor autonomía posible. Finalmente, cuando sepa leer, y después de elaborarlo contigo, podrá pesar los ingredientes y realizar todos los pasos solo, como un verdadero chef. Por supuesto, tu presencia seguirá siendo indispensable, sobre todo para la utilización del horno.

76. Ayúdame a ser limpio
Guiar al niño hacia la autonomía

Al principio, el niño depende totalmente de los adultos para sus cuidados corporales. Cuando cambies a tu hijo, le des un masaje o lo vistas, presta atención a tu posición: debes estar de cara a él.

Con demasiada frecuencia, observo espacios donde los adultos se colocan de lado. Estar de cara no sólo es más cómodo y beneficioso para tu hijo en este momento de intimidad y comunicación, sino que también permite estimular ambos lados de su cuerpo de manera equilibrada durante esta experiencia sensorial.

Desde el principio, entabla un diálogo sobre la «eliminación» (orina/heces) de modo positivo. En la medida de lo posible, usa pañales de algodón que se puedan lavar. Además de ser más económicos y ecológicos, ayudan sobre todo al bebé a establecer una conexión entre el cerebro y la actividad de su cuerpo, ya que son menos absorbentes que los industriales de un solo uso. Es importante que el niño sienta la diferencia entre un pañal limpio y uno húmedo, para que adquiera conciencia del proceso de eliminación. Actualmente, hay tintorerías que ofrecen un servicio específico para facilitar la vida a los padres. Por otro lado, cuando el niño prefiera la posición «de pie» a la «tumbada», cámbialo en el cuarto de baño; y si muestra interés, invítale a que se siente en un excusado a su medida.

Adecuación del baño

En los ambientes Montessori, el baño está acondicionado para que los niños sean autónomos: espejo más bajo, taburete, toalla y jabón a su alcance. La autonomía y el aprendizaje de la higiene constituyen una etapa fundamental para el niño y la familia.

Es importante que todos los adultos sean coherentes. Sea cual sea el lugar en tu casa, en casa de los abuelos o en la guardería, se debe adoptar la misma organización. Un orinal, ropa interior limpia, un banco para sentarse y cambiarse o un bote para los pañales sucios son pequeños acondicionamientos simples y adecuados para el aprendizaje de la higiene y la autonomía.

77. Un baño adaptado para mi autonomía

Cuando es muy pequeño, el niño necesita, evidentemente, a un adulto para el aseo en el baño. El momento del baño debe ser un instante de intercambio sereno entre la madre o el padre y el hijo.

Es un momento en el que los sentidos se movilizan gracias al suave sonido del agua, a su calor y su contacto en la piel; es también, a menudo, un instante en el que hablas, cantas, observas a tu hijo... Para conservar este vínculo, evita las hamacas de baño: el contacto de los brazos es mucho más tranquilizador para el bebé (además, estas pueden impedir ciertos movimientos). Si tienes dificultades, una pequeña bañera a tu altura puede ser la solución. Y, si no, ¡simplemente báñate con tu bebé! Cuando el niño crece y empieza a caminar, lo ideal es disponer de un espacio destinado a su aseo, constituido por una mesita o repisa a su altura, sobre la que se puede poner una palangana, una jarra y jabón para lavarse las manos. Tampoco hay que olvidar colocar a su altura una toalla para secarse, un espejo y, ¿por qué no?, un cepillo para peinarse, unas pinzas para el pelo, si son necesarias, un cepillo de dientes y el dentífrico. Más adelante, le bastará un banco para llegar al lavabo.

Los más pequeños sienten una gran pasión por lavarse las manos: hay que darles la posibilidad de ejercitarse, sobre todo porque forma parte del aprendizaje del aseo. Fue precisamente observando a un niño que se lavaba con detenimiento las manos cuando Maria Montessori comprendió la importancia de la repetición y la concentración en el desarrollo interior de los niños.

78. Ropa adaptada a mi desarrollo

En muchos casos, lo primero que compran los futuros padres para su bebé es una prenda: uno se imagina ya a su pequeño con una pijama suave, un bonito vestido, unos pantalones cortos para el verano... De hecho, la ropa es lo primero que envuelve al bebé una vez que está fuera del vientre de la madre: lo mantiene calentito, lo protege y lo acompaña en sus movimientos. Por tanto, se debe elegir con atención. A continuación, encontrarás algunos consejos para guiarte:

- **Da prioridad a los tejidos naturales,** como el algodón, ya que son confortables, flexibles y transpirables. Asegúrate de que el tejido sea muy suave.
- **Elige ropa de la talla adecuada,** ni demasiado ajustada ni demasiado holgada, sobre todo cuando el bebé empieza a querer desplazarse. Desde el nacimiento, debe poder hacer movimientos de estiramientos o estar en posición fetal sin que la ropa se lo impida.
- Cuando el bebé empieza a intentar reptar o gatear, **evita los vestidos, por muy bonitos que sean,** ya que pueden ser verdaderos obstáculos para las rodillas. Lo mismo sirve para los pantalones demasiado rígidos, como los de mezclilla: al bebé le costará más gatear y subir los peldaños de la escalera si los pantalones le impiden flexionar las rodillas.
- **Elige prendas fáciles de poner y quitar:** durante los primeros meses, vestir a tu bebé debe constituir un momento de intercambio agradable y no una odisea. Existen bodis con cierres en la parte delantera con los que no se necesita hacer pasar la cabeza por el cuello de la prenda.
- **A la hora de comprar, fíjate en los cierres** de las prendas y calzados: ¡prioriza la simplicidad y facilidad! Deja para más adelante los cordones, los botones y otros lazos. ¡Una dificultad a la vez es suficiente! Cuando tu hijo esté preparado para vestirse solo, podrá ser autónomo.
- **Evita al máximo las manoplas para bebés.** Cuando está en el vientre de la madre, el bebé se toca la cara y se pone a menudo los dedos en la boca; así pues, es muy importante permitir que siga haciéndolo dejando libres sus manos, para que pueda efectuar los mismos gestos tranquilizadores después de nacer. Si temes que se arañe, puedes limarle las uñas con suavidad. Antes de que tu hijo aprenda a caminar, intenta, en la medida de lo posible, que tenga libres los puntos de apoyo: codos, rodillas, manos y pies. Unos simples calcetines pueden frenar su movimiento limitando su adherencia al suelo.

Un vestidor para tu hijo

Siempre con la idea de ofrecer a tu hijo la máxima independencia y la oportunidad de decidir por sí mismo, puedes instalar un pequeño vestidor a su altura, donde acostumbre vestirse: un perchero, unos estantes o un cajón con todo lo necesario para elegir la ropa de cada día. Ofrécele, sin embargo, una serie de opciones limitadas, sobre todo a los más pequeños: dos o tres conjuntos completos son suficientes. Coloca una silla cerca para que el niño pueda desvestirse y vestirse con comodidad. Si quiere hacerlo solo, perfecto. Enséñale poco a poco cómo, deja que lo intente y obsérvalo con paciencia, sin pronunciar una palabra. Si ves que la frustración de no lograrlo es demasiado grande, ofrécele tu ayuda reconociendo que a veces es difícil vestirse. Si lo consigue solo, constata su logro con entusiasmo: «¡Veo que elegiste el pantalón azul y que te lo pusiste solo!».

Es inútil aplaudir o recompensar a tu hijo, aunque sea tentador: está construyendo su autonomía, no su capacidad de complacerte.

79. Deja que me mueva con libertad desde el nacimiento
¡El movimiento es vida!

El cuarto espacio, tal vez el más importante de la casa, es el destinado al movimiento. Crear un espacio preparado y adaptado a las necesidades esenciales del niño y sus periodos sensibles le permitirá explorar su entorno de la manera más segura.

El objeto ideal para un bebé es un simple colchón delgado colocado directamente en el suelo, contra una pared con un espejo horizontal de 50 cm de alto que llegue hasta el suelo. Este reflejará la imagen del niño y le proporcionará información sobre su anatomía y su personalidad. El reflejo del bebé en el espejo favorece el movimiento.

Espejo y movimiento
¿Has observado alguna vez cómo les gusta a los niños observarse en un espejo y hasta qué punto les intriga, aunque no sean conscientes de que se están mirando? Este simple objeto multiplica su espacio y les permite descubrir las capacidades de su cuerpo.

Cuando el niño puede sentarse, podemos colocar una barra horizontal baja delante del espejo. Esta lo animará a moverse para alcanzarla y le ayudará a ponerse de pie por su cuenta: será un momento de alegría y sonrisas ante el espejo. **No es necesaria ninguna andadera u otro carrito mágico con ruedas, que no son más que obstáculos para el desarrollo natural del movimiento del niño.** Este aprenderá a andar a su propio ritmo si le damos el tiempo y el espacio para descubrir sus aptitudes físicas. Esta etapa debe efectuarse de manera natural: animarlo es bueno, pero querer acelerarlo de manera artificial puede resultar contraproducente.

Cuando el niño camina o gatea se deben tomar todas las precauciones para que pueda seguir explorando y satisfaciendo sus necesidades naturales de la manera más segura.

80. Un espacio que evoluciona con mi desarrollo motor

Pronto, hacia los cinco meses, el niño adquiere tonicidad y desea moverse. Le hace falta espacio: el colchón debe ser lo bastante grande, sin obstáculos que se levanten en su camino o le dificulten la vista.

Elige la alfombra de juego más simple que sea posible; una cobija gruesa es suficiente, preferiblemente lisa o con algún estampado discreto para no confundir la visión del niño cuando desee agarrar algún objeto.

Muchas «alfombras de estimulación» ofrecen demasiados estímulos: multitud de colores, motivos, materiales y hasta espejos, efectos sonoros... Todo ello no es necesario y supone incluso un freno para la exploración del niño, bombardeado con información, que ni siquiera puede ver su juguete sobre la alfombra.

Facilitar la necesidad de explorar del niño

Cuanto más se desplaza el niño, más ganas tiene de descubrir su entorno. Sería una lástima frenarlo reduciendo su espacio en un corral. Así pues, coloca tus objetos de valor en un lugar más alto, o incluso en un armario durante unos meses. Será mucho más fácil que digas «no» sin parar o apartar a tu hijo; y mucho más beneficioso para él que estar en un corral o una hamaca.

Las mesas bajas, pufs y otros reposapiés servirán de soporte a tu hijo; al igual que con la barra ante el espejo, podrá apoyarse en ellos para levantarse y poder ver por fin por su cuenta qué hay encima. Para el niño supone un gran momento de exploración y construcción de su autoconfianza. Debemos apoyarlo evitando frases como «cuidado, te vas a caer» o «lo vas a romper». Mantente cerca y preparado por si se cae de verdad... Puedes emplear una frase simple como «este objeto se puede romper» o bien «este objeto es frágil, me gusta mucho y lo voy a cambiar de lugar», si se trata realmente de algo de valor.

Con los pequeños, al igual que con los mayores, en lugar de predecir una consecuencia incierta, **es mejor facilitar alguna información útil, como «el suelo está muy resbaladizo» o «puedes poner los pies aquí para apoyarte»**... Tu hijo ganará confianza y se volverá más prudente y consciente de los peligros.

En este sentido, Maria Montessori hizo hincapié en el concepto de «máximo esfuerzo» (ver glosario p. 163): el niño desea, e incluso necesita, llevar cosas pesadas, como un desafío que se propone a sí mismo. Contén las ganas de ayudarlo y no lo detengas: está aprendiendo a manejar su fuerza, ejercer su voluntad y encontrar los límites de su propio cuerpo.

81. Un espacio de juego estructurado y ordenado

Cuando tu hijo empiece a caminar, toda la casa se convertirá en un espacio potencial de juego; sin embargo, no debe haber juguetes en todas las habitaciones. Elige un lugar tranquilo, cómodo y luminoso, que estará dedicado a los juegos del niño. Puede ser toda una estancia o bien una parte de su cuarto o de la sala.

Estantes en lugar de un baúl de los juguetes
Se suele pensar que un baúl es lo más práctico para guardar la gran cantidad de juguetes de los niños: basta con abrirlo e introducir todo dentro. Pero cuanto mayor sea el baúl, más lleno estará de juguetes y más se tendrán que sacar para encontrar el que se quiere.

Imagina que tuvieses toda tu ropa junta y mezclada en un solo baúl: te costaría decidirte y disfrutar de tu guardarropa. La instalación de estantes permite evitar que los juguetes se acumulen y que se tenga una sensación de desorden. Cada juguete debe tener su sitio, en una pequeña cesta o bandeja, o bien directamente sobre el estante, si resulta adecuado. Verás cómo costará menos recoger y el niño disfrutará mucho más de los juguetes.

Estantes a la altura de los niños

Para favorecer al máximo su autonomía e independencia, evita los estantes a una altura demasiado elevada. El niño debe poder ver qué hay en ellos y en las cestas o bandejas para que pueda elegir.

Limita las opciones

Si tu hijo tiene demasiados juguetes (¡cosa muy probable!), realiza una selección, aunque tengas que organizar una rotación. Guarda los que sobren en cajas, por ejemplo, fuera del alcance de los niños. Observando y fijándote en los que utiliza o no, podrás cambiarlos con regularidad. Aprovecha para reciclar los que estén estropeados y los que ofrezcan demasiadas estimulaciones sensoriales (un juguete multicolor que parpadea, se mueve y emite música al mismo tiempo puede apartarse sin remordimientos: ¡una sola información es suficiente!). Trataremos los criterios de elección de los juguetes en la regla de oro n.º 89.

Una mesa y una silla pequeñas

Colocadas cerca de los estantes, permiten que el niño se concentre en su actividad. Procura que los pies le toquen el suelo cuando esté sentado.

82. Descubre los móviles Montessori
Móviles para mirar: Munari, octaedros, Gobbi, bailarines

Uno de los objetos que descubrirás cuando busques juguetes Montessori son los móviles. Fueron creados para estimular el desarrollo de la vista del niño, que prosigue después de nacer. Estos móviles le permiten

mejorar la vista y, más adelante, lo ayudan a distinguir las formas y, por último, los colores. Su vista mejora durante los tres primeros meses y se completa hacia los 2 años.

Móviles Montessori (por orden de introducción)

- **Munari:** formas geométricas simples en blanco y negro (desde el nacimiento).
- **Octaedros:** tres octaedros brillantes de colores primarios (4-6 semanas).
- **Gobbi:** cinco o siete bolas colgantes en altura descendente (6-10 semanas).
- **Bailarines:** personajes de papel brillante (3-4 meses). Cuando observemos que el niño quiere agarrarlos, hay otros móviles también disponibles.

Por muy tentadores que sean los sonidos y las luces parpadeantes, son nocivos para la necesidad de concentración del niño. Los móviles deben ser simples y moverse de modo natural, poco a poco.

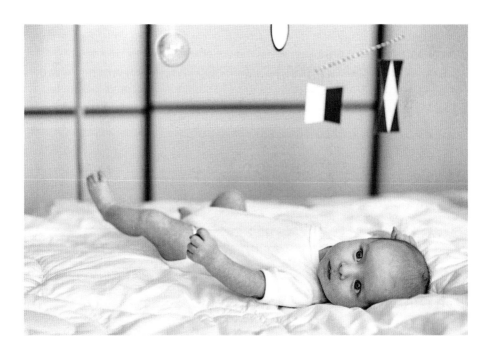

83. Móviles para dirigir las manos

A los tres meses, el niño ve cada vez mejor; distingue más colores y poco a poco la vista es más nítida. Empieza a sentirse atraído por los objetos que tiene a su alrededor y desea agarrarlos. Para animarlo a explorar el mundo, desarrollar sus movimientos y adquirir confianza en sí mismo, podemos ofrecerle móviles que pueda intentar atrapar.

A esta edad, por supuesto, se trata de ofrecerle objetos que atraigan suficientemente su mirada para incitarlo a dirigir las manos: un primer paso hacia la prensión o agarre. Los siguientes tres móviles pueden comprarse o realizarse fácilmente en casa:

- **Móvil de tres esferas.** A los tres meses, el niño ve muy bien los colores primarios y le atraen mucho la mirada. Este móvil presenta tres esferas, una azul, una roja y una amarilla, que cuelgan de un listón de madera y están alineadas horizontalmente sobre el niño.
- **Cascabel con cinta.** Un gran cascabel en el extremo de una cinta, si es posible elástica, suspendido sobre el niño. Es sencillo pero eficaz. Al mover los brazos, el puño del niño va a tocar el cascabel, que emitirá un sonido. Mientras que, al principio, estos movimientos provocan un sonido de manera accidental, poco a poco, el niño irá comprendiendo que lo que causa el sonido es su propia acción y le supondrá una gran alegría lograr

«Por medio del movimiento, la voluntad se difunde por todas las fibras y se realiza».
(Maria Montessori, *El niño. El secreto de la infancia*)

«La dificultad no es moverse, sino moverse de manera inteligente. Las personas no lograrían ninguna conquista si esta relación entre la voluntad y los músculos no existiera».
(Maria Montessori, traducido de *L'Enfant est l'avenir de l'homme*)

que suene el cascabel de forma voluntaria. Este primer tipo de control de su entorno le permitirá construir su confianza en sí mismo y en sus capacidades.

⊕ **Aro con cinta.** El principio es idéntico al del cascabel. En este caso, el aro (o brazalete que ya no uses) permite al niño un agarre adaptado al tamaño de su puño (siempre y cuando no sea demasiado grueso).

Ten paciencia: cada niño evoluciona a su ritmo. Tu hijo no agarrará enseguida los objetos que tenga encima, pero por el mero hecho de fijar la mirada y concentrarse, ya aprende...

84. Juguetes para agarrar

Hacia los cinco meses, por lo general, el niño empieza a querer agarrar los objetos que tiene a su alrededor. Sobre la alfombra destinada al movimiento, prepara una pequeña cesta que contenga algunos objetos que tu hijo pueda agarrar.

Estos son algunos ejemplos:
⊕ un sonajero con perlas, de madera u otro material natural;
⊕ aros o discos entrelazados, que tendrán la ventaja de permitir la movilización de ambas manos;
⊕ una pelota con púas grandes, que el niño podrá agarrar fácilmente y que le gustará llevarse a la boca;
⊕ pelotas de distintas texturas, para multiplicar las experiencias táctiles.

Coloca cerca de tu hijo alguno de estos juguetes y observa cómo se concentra para agarrarlo. Concédele el tiempo necesario para que lo consiga: lograrlo después de varios intentos infructuosos es un triunfo que le aportará alegría y confianza en sus capacidades.

85. Juguetes para escuchar

Al nacer, el niño reconoce el sonido de las voces de sus padres y es muy sensible a los sonidos agudos. Su oído no ha terminado de desarrollarse y debe tenerse cuidado de no exponerlo a sonidos demasiado fuertes o intensos, que puedan dañar sus facultades auditivas.

Con el paso de los meses, su oído se perfeccionará. Podemos acompañar esta evolución ofreciéndole distintas experiencias auditivas, que lo animarán a girar o alzar la cabeza, darse la vuelta, ponerse a reptar...

Algunas sugerencias:

⊕ **Juguetes con cascabeles:** los cascabeles siempre tienen éxito. Tanto en un sonajero, que el niño agarra y sacude, como en un cilindro más o menos grande que rueda, su sonido es muy estimulante.

- **Cajas de música:** ya sean manuales o mecánicas, fascinan a pequeños y mayores. Además, suelen ser muy estéticas.
- **Música y canciones:** dedica un tiempo específico para compartir unos momentos musicales con tu hijo. Cántale canciones, toca un instrumento, escuchen juntos músicas del mundo... Da prioridad a los instrumentos de calidad; evita aquellos que no sean más que juguetes de plástico, cuyos sonidos alejados de la realidad no ayudan al desarrollo auditivo del niño.

86. Actividades para desarrollar la coordinación de los ojos y las manos

A partir del momento en el que el niño se mantiene sentado solo, libera las manos y puede empezar a manipular objetos sin tener que estar tumbado. Así, puede desarrollar la coordinación oculomotriz, es decir, desarrollar los dedos y los gestos en función de la información visual que percibe. Es el momento de mostrarle actividades específicas, como juegos de encaje muy sencillos.

La «caja de la noción de la permanencia del objeto», por ejemplo, puede resultar muy interesante hacia los ocho meses. Se trata de una caja con un agujero en la parte superior para introducir una bola: una vez en la caja, la bola corre y sale por otra abertura. La bola, que había desaparecido, ¡vuelve a aparecer! El niño no sólo desarrolla su coordinación oculomotriz, atrapando la bola y reintroduciéndola en la caja, sino que también trabaja un nuevo concepto, el de la permanencia del objeto: la bola no deja de existir aunque no se vea. **También existen otros juegos en el mercado: las famosas pirámides de aros** pueden ser adecuadas a partir de los ocho meses, siempre y cuando se utilice sólo el aro mayor; o los rompecabezas con piezas encajables que sean muy sencillos, como aquellos cuyas piezas tienen la forma de un círculo con un agarrador; una vez que el niño domine estos últimos, podremos pasar a los triángulos y, a continuación, a los cuadrados, más complejos, para acabar combinando varias formas en el mismo rompecabezas. Recuerda presentar la actividad muy poco a poco, con gestos muy precisos.

Una gran cantidad de juegos en casa

En casa también puedes encontrar todo el material necesario para realizar múltiples actividades muy adecuadas: pequeñas cajas en una canasta para abrir y cerrar; un viejo bolso, en el que introducirás objetos de la vida diaria que tu hijo podrá sacar y manipular; una vieja cartera con algunas tarjetas de cliente que ya no uses... Las posibilidades son infinitas. Cuanto más crezca tu hijo, más complejas podrán ser las manipulaciones, variando los sistemas de cierre (cremallera, velcro, imán, botones a presión...). Es muy posible que tu hijo muestre más interés por estas actividades que por el hermoso juguete nuevo que acabas de comprarle.

Hacia los 18 meses, y más aún a partir de los 2 años, las actividades son cada vez más elaboradas y movilizan las dos manos al mismo tiempo. En algunos casos, adquieren una forma «artística»: pintar, ensartar perlas grandes en un cordón, utilizar las tijeras, rasgar, pegar... Pero también se encuentran en los movimientos de la vida diaria: abrocharse el abrigo o la chaqueta, servir agua, usar un tenedor, untar el pan con mermelada, cepillarse el pelo...

A medida que el niño va creciendo, los juegos se vuelven más complejos: juegos de construcción, plastilina, creación de collares y, ¿por qué no?, costura...

Por último, el mejor medio para desarrollar la coordinación de los ojos y las manos es dar al niño la oportunidad de valerse por sí mismo. Deja que tu hijo de 2 años intente abrir un paquete de galletas si desea hacerlo solo: seguro que te parecerá que tarda mucho —y tendrás ganas de intervenir—, pero, a no ser que exprese una frustración muy grande, no le ayudarás si lo haces en su lugar.

Ten presente que la autonomía y la manipulación van de la mano y que no se aprende nada o muy poco si otra persona actúa por ti.

87. Quiero participar en las tareas de la vida cotidiana
Lo importante no es la finalidad, sino la acción

Con demasiada frecuencia, los adultos evitan implicar a sus hijos en las tareas de la vida diaria, como la cocina, la limpieza o la jardinería, por miedo a que no lo hagan como es debido, que ensucien o tarden demasiado... Sin embargo, lo importante para el niño no es la finalidad, sino la acción. ¿Cómo aprenderá si no se lo permitimos?

Para que el niño se vuelva autónomo e independiente, debe ejercitarse una y otra vez, es decir, repetir las mismas acciones muchas veces. **Los ejercicios de la vida práctica preparán indirectamente al niño para numerosas competencias futuras más académicas,** como, por ejemplo, la escritura, desarrollando los movimientos del brazo y la mano. Además, estas actividades crean un vínculo entre el hogar y la escuela Montessori, donde la vida práctica ocupa un lugar primordial.

Gracias a una implicación diaria en casa, el niño adquirirá autonomía y participará de manera activa y natural en la vida del hogar.

En casa: actividades prácticas

Empiecen a la edad más temprana; por ejemplo, mientras preparas la cena, si tu bebé expresa la necesidad de estar contigo en la cocina, intenta que participe confiándole una tarea muy sencilla. Si estás elaborando una sopa, puede lavar una o dos verduras: esta pequeña misión satisfará su necesidad de participar, así como su sentimiento de pertenencia. Aunque no se te presente a menudo la ocasión de reproducir esta escena, lo importante es que tu hijo se sienta útil, activo e implicado.

Con el tiempo, le podrás confiar tareas cada vez más complejas. Sin embargo, no esperes la perfección desde los primeros intentos: como sucede con cualquier competencia que se aprende, hace falta tiempo, práctica y mucha

paciencia para dominar las acciones más sencillas de la vida diaria. Sin embargo, si das la oportunidad a tu hijo de ayudar desde muy pequeño, pronto cocinará para toda la familia.

Estos son algunos ejemplos de tareas de la vida diaria en las que puede participar tu hijo:

- **En la cocina:** cortar los extremos de los ejotes, pelar verduras, preparar un pastel, poner la mesa, llenar y vaciar el lavavajillas...
- **En el lavadero:** poner la ropa sucia en la lavadora, poner la ropa limpia y húmeda en una palangana, colgar la ropa o ponerla en la secadora...
- **Para las tareas de limpieza:** pasar el trapo por la mesa, limpiar las ventanas, barrer, fregar, limpiar el polvo...
- **En el jardín:** rastrillar y recoger las hojas secas, arrancar las malas hierbas, plantar semillas...
- **Fuera de casa:** lavar el coche, llevar una bolsa de las compras o el carrito del supermercado...

Y si puede hacer alguna de estas cosas con utensilios a la medida del niño aún mejor.

88. Libros basados en la realidad

Leer libros con tu hijo constituye uno de los mejores momentos para desarrollar su lenguaje. También es la ocasión de compartir buenos ratos de complicidad, intercambiar impresiones, recordar experiencias, reír... Por tanto, hay que elegir bien los libros que le proponemos.

Antes de los 6 años, el niño absorbe todo: su mente se alimenta de todas las experiencias de la vida diaria y, por tanto, de la realidad. Le cuesta distinguir lo verdadero de lo falso: para él, todo lo que va conociendo forma parte de la realidad. **Así pues, ofrezcámosle realidad, ilustraciones hermosas y realistas.** Muchos libros abordan situaciones de la vida diaria, como las comidas, el baño, las excursiones al bosque, los animales, los vínculos familiares, los acontecimientos alegres o tristes, las emociones, la naturaleza, los paisajes... En esta etapa, es mejor evitar los cuentos cuyos protagonistas sean animales que hablan u otros antropomorfismos. Serán más interesantes más adelante, cuando el niño empiece a distinguir entre la realidad y lo imaginario.

¿Y la imaginación?

No te preocupes: tu hijo no carecerá de imaginación aunque no haya leído cuentos de hadas, monstruos o superhéroes antes de los 6 años. Al contrario, con una base sólida de realidad construida durante los primeros años de vida, podrá inventarse miles de historias y sumergirse en aventuras fantásticas todavía con más pasión porque estará preparado para ello. Dicho esto, también puede descubrir algunos relatos de ficción antes de los 6 años; simplemente, precisa saber que, en la vida real, los osos no van vestidos ni comen en una mesa.

Evita, sin embargo, los cuentos que puedan asustar a los más pequeños (¡y dejemos de estigmatizar al lobo!); cuando somos adultos, no siempre somos conscientes de la violencia de ciertos relatos.

Enseña a tu hijo cómo se utiliza un libro y cómo se sostiene; pasa poco a poco las páginas con él, con delicadeza, para que pueda comprender que un libro es un objeto precioso que debemos cuidar. Opta por los libros de cartón para empezar. No emplees libros dañados o rotos: este bello objeto merece ser bonito y agradable de leer.

89. Elegir bien los juguetes de tu hijo

Maria Montessori nos ha enseñado que es beneficioso para el niño que se adapte al universo que lo rodea. Sabe inventarse sus propias actividades a su alrededor. Lo importante para los padres es que entiendan los grandes principios del método Montessori. El material no es indispensable; basta con seguir al niño.

Se debe prestar atención porque el éxito creciente del método Montessori ha creado una oferta paralela que propone juguetes y materiales «supuestamente» Montessori. Con todo, el hogar ofrece numerosas oportunidades de estimulación para los niños y no es necesario comprar objetos específicos. Además, salvo si llevan a cabo la educación en el hogar, no se recomienda disponer de material escolar en casa. Para ayudarte a elegir un juguete para tu hijo, o elaborar una lista de regalos para las fiestas, estos son algunos consejos:

⊕ **Elige, en la medida de lo posible, juguetes fabricados con materiales naturales,** pues los niños suelen llevárselos a la boca. Estos juguetes no son tan tóxicos y ofrecen experiencias sensoriales más variadas y agradables que el plástico.

○ **Evita los juguetes que se iluminen,** emitan sonidos inútiles o necesiten pilas. Estas características alteran la atención y la concentración del niño y suelen suponer una auténtica molestia sonora (tu familia te lo agradecerá). Si deseas ofrecer a tu hijo juguetes sonoros, opta por instrumentos de verdad, con los que podrá experimentar y desarrollar su creatividad, en vez de pulsar unos simples botones.

○ **Prioriza los juguetes abiertos,** es decir, sin instrucciones concretas o marcados por los últimos caprichos del mercadeo de los juguetes. Ello permitirá que el niño utilice su imaginación para inventar historias y combinar juegos; asimismo, evitará que se canse demasiado rápido gracias al hecho de que el juego se puede renovar sin cesar. Un ejemplo famoso es el Kapla. Este juego de madera natural, sencillo y clásico, promete horas de diversión y posibilidades de creación casi infinitas, durante las cuales tu hijo aprenderá a crear y mantener un equilibrio, a jugar con la gravedad y construir torres cada vez más altas.

○ **Elige siempre la calidad** en vez de la cantidad, tanto si se trata de instrumentos de música como de herramientas o utensilios de cocina. Aunque sean muy bonitas, las mesas de trabajo para niños o las cocinitas suelen resultar más bien frustrantes, ya que no permiten cocinar de verdad ni cortar ni serrar ni enroscar, etc. Además, estos objetos de mala calidad no animan a que los niños tengan cuidado de sus cosas, ya que suelen ser irrompibles (y poco atractivos).

- Si tus familiares y amistades tienen realmente ganas de complacer a tu hijo, sugiéreles que opten más bien por compartir unos momentos con él, con excursiones, visitas a un museo, al zoológico... Esto reforzará mucho más el vínculo entre ellos que otro juguete más que no siempre necesita.

Esta lista de preguntas puede guiarte a la hora de elegir un juguete o una actividad para tu hijo:

- ¿Qué aprende mi hijo con este objeto? ¿Tiene una finalidad inteligente?
- ¿Ayuda a desarrollar la motricidad global o fina?
- ¿Permite aprender un nuevo concepto (como la «caja de la noción de la permanencia del objeto», por ejemplo)?
- ¿Este juego es violento?
- ¿Permite que el niño se concentre?
- ¿Es adecuado para su edad?
- ¿Permite desarrollar la imaginación y la creatividad?

Lo esencial es tener presente que tu hijo, sobre todo si es pequeño, ya tiene muchas cosas por descubrir en el mundo real y en casa, y que no tienes por qué comprar algo. Para construir su sentido del orden y desarrollar su concentración, no hay nada como el minimalismo.

90. Protege mi concentración

«Quien se concentra es inmensamente feliz; ignora al vecino y todo lo que sucede a su alrededor».

Como hemos visto antes, la concentración es un valor esencial de la pedagogía Montessori; los adultos que viven cerca de los niños, en casa, en la escuela o en otro lugar deben incorporar esta noción.

Todos tenemos un potencial enorme para comprender, crear e inventar, pero éste sólo se concreta cuando estamos perfectamente concentrados, porque es durante la concentración intensa cuando las conexiones neuronales se establecen y se refuerzan de una manera duradera.

Cuando observes a un niño que se dedica a una actividad, o un «trabajo», no lo interrumpas, aunque no entiendas el sentido. Sigue observándolo e intenta comprender qué es lo que le empuja a hacerlo. Siempre y cuando no esté en peligro, no haga daño a nadie ni estropee nada, no existe ningún motivo para interrumpirlo. Si está ensuciando o mojando todo, le podremos enseñar después cómo se debe limpiar.

A veces, incluso un «muy bien» con toda la buena intención puede ser suficiente para romper la preciosa concentración del niño. Intenta contenerte y espera a que termine para hablar con él.

Los niños son como nosotros: cuando estamos muy concentrados en nuestro trabajo, no nos gusta que nos interrumpan.

91. Alejen las pantallas de los más pequeños

A menudo me preguntan: «¿Cuándo debo dejar que mi hijo vea la televisión o juegue con juegos electrónicos, y durante cuánto tiempo?». Es importante plantearse estas preguntas hoy. La televisión no existía en la época en la que Maria Montessori observaba a los niños. ¿Qué hubiese opinado sobre ello?

En la actualidad, demasiados niños tienen dificultades para concentrarse por culpa de la gran cantidad de horas que pasan delante de una pantalla. Nuevas investigaciones en el campo de la neurociencia demuestran que las experiencias reales que viven los niños en su entorno son mucho más beneficiosas para ellos que las horas que pasan hipnotizados delante de una pantalla, porque en esos ratos el cerebro se pone en un estado sonámbulo: está poco estimulado sea cual sea el contenido del programa. Corresponde a los adultos ofrecer lo mejor a sus hijos para el desarrollo de sus cerebros.

Pantallas, ¡atención: peligro!

En Francia, hace diez años, el psiquiatra Serge Tisseron lanzó el programa de prevención "3-6-9-12", que permite sensibilizar a los padres y profesionales de los peligros de las pantallas. Tisseron destaca que, antes de los 3 años, el niño está en pleno desarrollo de sus referencias espacio-temporales por medio de los sentidos y del contacto humano; sin embargo, la televisión (u otro tipo de pantallas) sólo moviliza la vista y el oído y no

Mi consejo

Tus hijos y ustedes merecen vivir momentos privilegiados sin interrupciones. En casa, apaga el celular. Si no, ponlo en un lugar adonde debas desplazarte para tomarlo cuando suene y vuelve a dejarlo en el mismo sitio cuando termines de hablar.

Si debes consultar el correo electrónico o las redes sociales, dilo en voz alta. Escucharse permite tomar conciencia y, en ocasiones, cambiar de opinión.

De este modo, nos concienciamos del ejemplo que deseamos dar a nuestros hijos.

permite interactuar con los demás. Las pantallas son a la vez inútiles y peligrosas, ya que el rato que el niño pasa delante de ellas es un tiempo precioso perdido para su desarrollo. Hoy, las pantallas son un elemento cada vez más presente en nuestra vida diaria. Por tanto, como adultos, debemos tener mucho cuidado. Mi respuesta a los padres es la siguiente: **«Nada de pantallas durante el periodo de la mente absorbente (desde el nacimiento hasta los 6 años), y limitadas después».**

92. Me gusta descubrir la naturaleza

Al nacer, a todos los niños les apasiona la naturaleza. Sin embargo, al igual que sucede con el desarrollo del lenguaje, si no están expuestos a ella desde los primeros años de vida, será difícil que establezcan una conexión con ella, y su sentimiento de pertenencia a una comunidad más global, de todos los seres vivientes, no se desarrollará.

¿Has observado alguna vez cómo evoluciona libremente un niño en la naturaleza? Se muestra fascinado por todas las maravillas y sutilezas que esta puede ofrecer, y esto le produce una alegría inmensa. Gracias a esta experiencia y estas interacciones, vividas de manera diaria, enseñamos a los niños a amar el planeta y querer protegerlo.

¿Trastorno por déficit de naturaleza?

Richard Louv, un autor estadounidense defensor de los niños y de la naturaleza, relaciona la falta de exposición a la naturaleza con ciertas patologías que aumentan entre las nuevas generaciones ultraconectadas, como la obesidad, la depresión o el trastorno por déficit de atención, y habla incluso de *nature deficit disorder*, que se puede traducir como «trastorno por déficit de naturaleza». Sus investigaciones lo llevaron a la conclusión de que una exposición directa a la naturaleza es esencial para el buen desarrollo de los niños y la salud física y emocional de pequeños y mayores. No obstante, muy a menudo, los adultos no son conscientes de esta necesidad vital.

Sin embargo, desde el nacimiento de tu hijo, puedes introducir la naturaleza en casa fácilmente, con, por ejemplo, un móvil hecho con hojas o, en el jardín, tumbándote con tu bebé sobre una cobija para escuchar el canto de los pájaros, el murmullo del viento... Un simple paseo bajo la lluvia, o después de un chaparrón, nos permite descubrir muchas cosas: la sensación de las gotas en la cara, el olor de la tierra húmeda, los caracoles que salen... Todo ello estimula los sentidos del niño y le facilita la información necesaria para comprender la naturaleza y establecer un vínculo con ella.

«Dejen que los niños corran fuera cuando llueve, que se quiten los
zapatos cuando encuentren un poco de agua y, cuando la hierba
de los prados esté húmeda por el rocío, permitan que la pisen con
sus pies descalzos; que descansen plácidamente cuando un árbol
los invite a dormir bajo su sombra; chillarán y reirán cuando el sol los
despierte por la mañana».
(Maria Montessori, traducido de *La découverte de l'enfant,* 1909)

Recuerda: tu hijo es un explorador sensorial

Cuando sea mayor, podrá compartir otros momentos en plena naturaleza,
contigo o durante reuniones coloniales, de campamento o excursión. Todos
estos recuerdos maravillosos reforzarán su amor por la naturaleza.

Más allá del bienestar físico y psíquico que proporciona este contacto,
también es fundamental para el desarrollo de la motricidad global del niño:
en el bosque o la montaña, los obstáculos naturales nos animan a superarnos
y a realizar esfuerzos que no hacemos cuando nos paseamos simplemente por
un parque.

Todo es nuevo a los ojos de un niño: ve cosas en las que nosotros ya no nos
fijamos y quiere explorar y comprender todo, más allá de su entorno más
cercano. Así pues, dejemos que nos guíe y ayude a redescubrir la naturaleza
y el mundo a través de su mirada.

93. El hogar, lugar de vida del niño y del adulto

El hogar es el lugar de vida principal de tu hijo: constituye su primer entorno, aquel que lo va a conducir hacia el camino de la exploración y la curiosidad, modelará su cerebro y estructurará su pensamiento, en especial cuando empiece a reptar y a levantarse y, sobre todo, cuando comience a caminar.

A veces les da miedo a los padres, que se dan cuenta de que todo lo que hay en casa puede ser tocado, desplazado e incluso roto. Temen que su hijo pueda lastimarse o altere el orden que, en muchos casos, se ha establecido minuciosamente. El niño evoluciona entonces en un entorno creado por y para los adultos, lo que resulta una auténtica fuente de estrés.

Pueden observarse dos extremos: en ciertos casos, la casa se convierte en un museo, donde el niño no puede tocar nada y tiene una zona bien delimitada en la que puede jugar y evolucionar; está en un lugar seguro, pero sus posibilidades de exploración están limitadas y no conoce en absoluto o muy poco las demás habitaciones de la casa; en otros casos, la casa se convierte en el mundo del niño: hay juguetes por todas las habitaciones y en gran cantidad. El adulto está un poco fuera de lugar, pero el niño tampoco explora el mundo real, porque su entorno, destinado casi por completo a él, no es muy realista.

Hay que encontrar el equilibrio adecuado para que cada uno, pequeños y mayores, pueda sentirse satisfecho. Por supuesto, debes proteger a tu hijo (y tus cosas) retirando o alejando de su alcance los objetos peligrosos o frágiles; pero, antes de decirle «no, no lo toques» cada vez que tienda la mano hacia algo, evalúa el riesgo: ¿este objeto es realmente frágil o peligroso? ¿Es grave si mi hijo lo toca? En ocasiones, basta con mirar el objeto juntos, nombrarlo y mostrar dónde se guarda, para que el niño se aleje de él.

El adulto debe preparar el entorno en el que vivirá el niño, pero tampoco debe olvidarse de sus propias necesidades.

94. Un entorno seguro

Para que el niño pueda explorar con la máxima seguridad, debemos pensar en su entorno y prepararlo para eliminar cualquier peligro. Ponte en cuatro patas, en cada habitación, y descubre el mundo desde el punto de vista de tu hijo; a veces olvidamos que desde nuestra altura no vemos las mismas cosas que los más pequeños.

Esta es una lista no exhaustiva de los elementos que puedes comprobar en tu casa.

En todas las habitaciones

- Los enchufes que estén a la altura de tu hijo (puedes protegerlos con un protector de enchufes).
- Las lámparas de mesa o de noche, en especial el cable eléctrico que el niño puede estirar a cuatro patas.
- Las ventanas, su sistema de apertura y, sobre todo, los muebles que pueda haber debajo (es mejor cambiarlos de sitio para impedir cualquier acceso a la ventana).

En la sala

- Los cables eléctricos del televisor, del teléfono y del material multimedia, que deben ocultarse y ser inaccesibles para los niños.
- El contenido de los cajones y cajas que estén a la altura de tu hijo.
- Las plantas que pueden ser tóxicas.
- Las estanterías, que deben estar bien fijadas en la pared.
- Las cortinas, cuya barra debe estar bien fijada; cuidado con las cuerdecillas que estén a la altura del niño (peligro de estrangulamiento).
- La decoración: ¿los objetos decorativos tienen elementos cortantes o pequeños que el niño se pueda llevar a la boca?
- La mesita, cuyos cantos pueden ser peligrosos.
- La chimenea, o estufa, que deben estar protegidas con una rejilla.

En la cocina

- El contenido de los cajones y los muebles que estén a la altura del niño (cuidado con los productos de limpieza, los electrodomésticos y las bolsas de plástico); si es necesario, protégelos y deja uno o dos cajones accesibles para el niño.
- El acceso al horno y la cocina.

En la habitación

- Los armarios, estantes o cómodas, que deben estar bien fijados en la pared.
- Los juguetes, sobre todo aquellos con piezas pequeñas que puedan separarse o partes de espuma que puedan rasgarse.
- La presencia de un baúl de juguetes: como hemos mencionado, no es un elemento adecuado para guardar los juguetes, e incluso puede resultar peligroso (razón de más para llevarlo al cuarto de triques).

En el baño

- El contenido de los cajones y armarios que estén al alcance del niño: cuidado con las navajas de afeitar, las tijeras y otros objetos cortantes o frágiles, así como los productos de la limpieza, los champús y los medicamentos.
- Los aparatos eléctricos (como la secadora).

Y en otros lugares...

- En el garaje, el contenido de los estantes o armarios que estén a la altura del niño: herramientas, productos de limpieza...
- En el jardín, cuidado con la toxicidad de algunas plantas, así como con el acceso a la piscina u otra zona con agua, con las alambradas en los muros...

Esta lista varía, por supuesto, en función del lugar de residencia, pero permite tomar conciencia del sinfín de peligros de la vida diaria en los que no nos fijamos como adultos. En este sentido, puede ser interesante seguir algún tipo de formación en primeros auxilios.

95. La disciplina positiva: bondad y firmeza

Como complemento del método Montessori, y siempre respetando a los demás gracias a una libertad acompañada de límites (ver la regla n° 28), las herramientas de la disciplina positiva son de gran ayuda tanto en casa como en la escuela.

La disciplina positiva, construida alrededor de los principios de la psicología adleriana y desarrollada por la psicóloga Jane Nelsen, se enmarca perfectamente en la construcción de relaciones sanas y armoniosas entre los adultos y los niños, y se dirige tanto a los padres y profesionales de educación infantil como a los niños.

Enseñar la autoestima

Según Alfred Adler (1870-1937), médico y psicoterapeuta austriaco coetáneo de Maria Montessori (se dice que se encontraron una sola vez, pero que la barrera del idioma les impidió comunicarse bien), cada individuo debe tener un sentimiento de pertenencia y de autoestima para poder desarrollarse y expresar todo su potencial.

Los conceptos de la disciplina positiva nos incitan a encontrar nuevas maneras de «disciplinar» sin emplear los gritos, los castigos (incluidos los corporales) o la humillación. Estos permiten lograr el justo equilibrio entre una educación demasiado autoritaria y otra demasiado permisiva; nos ayudan a ser firmes y bondadosos para respetar las necesidades de los adultos y de los niños.

«¿De dónde nos viene esta idea irracional de que para que un niño se comporte mejor debe sentirse primero menospreciado? Piensa en la última vez que te sentiste humillado o tratado de un modo injusto. ¿Tuviste ganas de cooperar o de mejorar?».
(Jane Nelsen, traducido de *La discipline positive*)

Antes de actuar en un conflicto con nuestro hijo, debemos considerar los siguientes cinco criterios, procedentes de la disciplina positiva:

- ⊕ **¿La acción que me dispongo a realizar es respetuosa y alentadora?** ¿Es firme y bondadosa a la vez?
- ⊕ **¿Da al niño un sentimiento de pertenencia y dignidad?**
- ⊕ **¿Será eficaz a largo plazo?**
- ⊕ **¿Transmite los valores sociales** en los que creo, las buenas conductas?
- ⊕ **¿Permite que el niño descubra su potencial** y encuentre soluciones por sí mismo?

96. Vivir en un entorno multilingüe

En nuestra sociedad actual multilingüe, es muy interesante poder exponer a nuestros hijos a distintos idiomas. Como hemos visto antes, el desarrollo del lenguaje sólo es posible si el niño está expuesto a la lengua; gracias a su mente absorbente, y guiado por el periodo sensible del lenguaje, absorbe con rapidez el idioma o los idiomas de su entorno, desde el nacimiento (o incluso antes).

Hoy en día no es extraño conocer a familias en las que se hablan distintos idiomas de forma habitual. Los niños los aprenden de manera natural, sin esfuerzo (siempre y cuando los adultos los dominen a la perfección). De hecho, al nacer, los niños pueden oír todos los fonemas de una lengua, es decir, todos los sonidos específicos que nos cuesta distinguir (y reproducir) cuando descubrimos un idioma ya de adultos. Este periodo no dura y, hacia los diez meses, el niño se especializa para escuchar sólo los sonidos de la lengua o lenguas a las que está expuesto a diario.

Por supuesto, siempre es posible aprender otros idiomas, pero cuantos más años transcurran, más esfuerzos serán necesarios.

El aprendizaje de lenguas extranjeras

En todo el mundo, la mayoría de las escuelas Montessori ofrecen una inmersión en otro idioma; son, por tanto, bilingües, y cuentan con dos educadores en cada aula que no hablan la misma lengua. En algunos casos, puede tratarse de una inmersión total en un idioma, o bien de una inmersión bilinque o trilinque.

Lo cierto es que el niño, para aprender una lengua de manera natural, debe estar expuesto a esta por medio de un contacto humano: la televisión o una pantalla (la que sea) nunca producirá la misma estimulación. Para aprender un nuevo idioma, es necesario que un adulto interactúe en su lengua materna con el niño asiduamente, ya que ello permite mejorar el léxico y la pronunciación. Recuerda: la mente absorbente absorbe todo, incluso el acento más sutil.

Jeanne-Marie, coautora de este libro, ha trabajado recientemente en casa de una familia multilingüe en Estados Unidos: el padre, de origen sirio, hablaba árabe, y la madre, brasileña, portugués. Su hija, en pleno desarrollo del lenguaje, tiene la suerte de vivir en un entorno que la estimula mucho y le permite crear muchas conexiones sinápticas. Así pues, tendrá tres lenguas maternas. Es un buen ejemplo del increíble potencial del cerebro humano.

97. Ellos también fueron alumnos Montessori

Escritores, chefs, estrellas de la música y del cine, atletas, empresarios, miembros de una familia real... Muchas escuelas ponen de relieve a sus antiguos alumnos, hoy famosos, para destacar el método Montessori como opción educativa y atraer a nuevas familias.

La prensa incluso ha acuñado la expresión «mafia Montessori» para designar a los empresarios de éxito que tienen una cosa en común: la escolarización en una escuela Montessori. Entre ellos, figuran los dos fundadores de Google, Larry Page y Serguéi Brin. Ambos han afirmado que fue esta educación lo que les permitió romper moldes y ser tan creativos.

Más recientemente, el fundador de Amazon, Jeff Bezos, declaró la voluntad de donar parte de su fortuna para la creación de escuelas infantiles inspiradas en Montessori. Además, afirma que su escolarización Montessori tuvo una gran influencia en su manera de reflexionar y actuar. En una entrevista, se sinceró sobre sus años de educación infantil: «Guardo muchos recuerdos de la escuela Montessori. Tengo una imagen muy clara de estar trazando letras rugosas; recuerdo una pequeña tabla especial en la que podíamos practicar para atarnos los zapatos».

La pedagogía Montessori se adapta a todos, y esperamos de corazón que se convierta en la norma y sea accesible a todos. Aunque no todos los niños de las escuelas Montessori se hacen famosos, se benefician de su enfoque y adquieren las competencias y las herramientas necesarias para convertirse en las personas que desean ser.

98. Guiemos a los ciudadanos del mañana

«Establecer la paz de manera duradera es la labor de la educación. La política sólo puede evitar la guerra».

Maria Montessori no sólo se ocupó del desamparo de los niños en el mundo, sino que también trabajó durante toda su vida por la paz. Fue incluso nominada tres veces al premio Nobel de la Paz. Su labor por la «educación cósmica», la preparación de los ambientes y el respeto por los niños tiende a conducir a éstos de modo natural hacia la empatía y una plena conciencia, lo que los convierte en ciudadanos pacíficos.

La educación por la paz y la tolerancia empieza desde muy pequeños, en particular durante el primer plano de desarrollo, en el que la mente absorbente es más activa. De manera inconsciente, los niños fijan las conductas y las normas culturales y sociales que ven a su alrededor; también asumen los prejuicios y la visión del mundo de sus familias. Por tanto, tenemos el deber de mantenernos vigilantes y atentos a los valores que transmitimos, para que el niño crezca reteniendo sólo lo mejor de la humanidad. Porque, como destaca Maria Montessori, «la educación es un arma de paz».

Educación emocional y aprendizaje de la tolerancia

Muchos salones de clases disponen de un «rincón tranquilo», algo aislado y cómodo, con herramientas (como un palo de lluvia o una pelota antiestrés) en los que los niños pueden concentrarse para regular sus emociones cuando sienten necesidad de ello. Esto puede ayudarles a reconocer mejor sus propias emociones, comprender las de los demás y solucionar mejor los conflictos.

«Interesarse por los niños es interesarse por la humanidad. Hay que enseñar a los adultos que la humanidad sólo puede mejorar si primero se interesa por los niños. Todos debemos darnos cuenta de que el niño construye al hombre».

(Maria Montessori, traducido de *L'Enfant est l'avenir de l'homme*)

En las clases de primaria, donde el aspecto social de los niños ocupa un lugar importante, el aprendizaje de la tolerancia adquiere todo su sentido; se guía a los niños a creer en sí mismos, en sus competencias y capacidades, así como a respetar las de los demás; de este modo, crecen con la conciencia de que cada uno es diferente. Las diferencias étnicas, económicas, sociales y culturales son poco importantes: todos son niños de una misma comunidad y contribuyen de una manera u otra, aunque avancen a distinto ritmo.

Los educadores están precisamente allí para facilitarles las herramientas necesarias para que tomen conciencia de las desigualdades de nuestra sociedad y puedan superarlas, sobre todo por medio de la historia y la vida dentro de un grupo. Así, los niños exploran sus identidades y singularidades en un entorno seguro y propicio para el desarrollo.

99. Cuando Montessori es sinónimo de minimalismo

¿Has observado hasta qué punto un ambiente Montessori es tranquilo y está limpio y ordenado? Esto se debe simplemente al hecho de que Maria Montessori hacía hincapié en la necesidad de simplicidad y orden. Ahora sabemos que un ambiente cargado corre paralelo a una mente cargada. Los niños se desarrollan mejor con un número limitado de juguetes. Hay estudios que han confirmado que cuando las paredes de las aulas están demasiado llenas, la concentración de los niños disminuye, así como su capacidad de aprender.

La sensibilidad por el orden que muestran los niños no sólo es importante para ellos, sino también para los adultos que viven y trabajan con ellos. En una casa o aula Montessori, todo tiene su lugar y no existe el desorden: así, los principios Montessori combinan de una manera natural con el minimalismo.

Belleza ante todo
Maria Montessori recomendaba rodear a los niños de belleza: la belleza de un entorno simple, atractivo y bien organizado. Pensaba que semejante

contexto era necesario para los niños con el fin de que pudieran conocer la tranquilidad interior y concentrarse plenamente en sus actividades. En una casa en la que reina el orden, hay un ambiente sereno y tranquilo, y ello tiene un impacto en todos sus habitantes.

En la actualidad, cada vez hay más familias Montessori que practican el enfoque minimalista y realizan una selección de sus cosas y juguetes. Liberar el espacio y ordenar aporta alegría y favorece, además, el movimiento «residuo cero». Se trata de un verdadero reto para la sociedad de consumo en la que vivimos, y nos corresponde mostrar el ejemplo para ayudar a las futuras generaciones a avanzar y librarse del materialismo. Asimismo, es importante que enseñemos a las jóvenes generaciones a reducir los residuos, reutilizar los objetos, reciclar y compostar, para que cuiden, a su vez, del planeta.

Estos principios también se pueden aplicar a nuestros horarios, ya que debemos aprender a frenar y seguir el ritmo natural de los niños. Evitemos imponerles demasiadas actividades extraescolares y tratemos de no tener una agenda demasiado cargada, ni para ellos ni para nosotros. Dejar de lado los aparatos que sólo nos aportan una satisfacción inmediata, como el celular, por ejemplo, nos ayudará a disminuir el ritmo y disfrutar del tiempo del que disponemos para nosotros y nuestra familia. **No olvidemos que, para cuidar bien de los niños, debemos poder cuidar de nosotros mismos.**

100. Una filosofía de vida

En este punto, habrás comprendido que la pedagogía Montessori es mucho más que un método educativo y un material específico. Es, ante todo, un modo de vida que tiene en cuenta el desarrollo natural del ser humano. El método Montessori supone tener confianza en la capacidad de avanzar de los humanos, pero también comprender el papel que el adulto puede desempeñar en este desarrollo.

También supone proporcionar a los niños las herramientas necesarias para adaptarse a su entorno y cultura, así como las capacidades y la actitud positiva para cambiar lo que debe cambiarse, mejorar lo que debe mejorarse, proteger lo que debe protegerse... Es enseñarles la compasión y la determinación.

Esperamos haber proporcionado la información necesaria para que seas el padre o la madre, el educador o la educadora, o simplemente el adulto que deseas ser.

Has tomado conciencia de la importancia de los periodos sensibles, de la universalidad de las tendencias humanas y de los planos de desarrollo; también sabes hasta qué punto resulta esencial observar. Dedícate a observar y a creer en la evolución humana todo lo que puedas. Tus hijos se lo merecen tanto como tú. Ejercítate a guiar a tus hijos para asegurarte de que exploten su increíble y único potencial.

Sigue aprendiendo, no dudes en pedir ayuda y, sobre todo, cuida de tus hijos y de ti mismo.

Glosario Montessori

Cuando profundizamos en los textos de Maria Montessori, somos conscientes de que emplea un léxico muy específico para designar sus conceptos y describir a los niños y su desarrollo. Algunos términos pueden parecer incluso un poco extraños.

Este glosario, a partir de una traducción de Annette Haines (prestigiosa educadora que ha formado a muchos educadores en Estados Unidos), puede aclarar estos términos, que pronto te resultarán familiares.

Adaptación

El niño tiene un poder especial en relación con el concepto de mente absorbente: la adaptación. Este poder es un proceso por el que el pequeño utiliza su entorno para desarrollarse y convertirse en parte integrante de él. Absorbe la cultura, las costumbres, las ambiciones y las actitudes de la sociedad en la que crece, por el mero hecho de vivir en ella.

Ambiente preparado

Un aula Montessori es un ambiente preparado por los adultos para los niños. Éste contiene lo esencial para un desarrollo óptimo y nada es superfluo. Las características de un ambiente preparado son el orden y la realidad, la belleza y la simplicidad. Todo está hecho a medida de los niños para que puedan desarrollar su autonomía. El educador y un grupo bastante amplio de niños de edades mixtas forman parte del ambiente preparado.

Análisis de los movimientos

Es una técnica utilizada por los educadores Montessori. Cuando el adulto presenta una acción compleja a un niño, la divide en distintas partes y la muestra etapa por etapa, poco a poco y con la mayor exactitud. La acción se convierte entonces en una secuencia de movimientos simples, con lo que hay muchas más posibilidades de que el niño logre realizarla.

Ciclo de trabajo

Cuando un niño emprende una actividad que le gusta, repite la acción numerosas veces sin un motivo aparente y no se detiene hasta que ha satisfecho la necesidad interior que le impulsa a realizar la acción. Para permitir unos ciclos de trabajo largos y concentrados, Montessori recomienda un periodo de trabajo ininterrumpido de tres horas.

Ciclo de tres horas

Tras años de observación por todo el mundo, Montessori constató que cuando se les concedía suficiente libertad, los niños tenían un ciclo de trabajo tan previsible que podía dibujarse en forma de gráfico. Este ciclo, compuesto de dos puntos máximos y uno mínimo, dura unas tres horas. En una escuela Montessori, los niños tienen tres horas de tiempo ininterrumpido para elegir una actividad independiente, dedicarse a ella y repetirla a su antojo.

Coordinación de los movimientos

Es uno de los logros más importantes de la primera infancia. El niño, por su propio esfuerzo, mejora la coordinación muscular y adquiere una autonomía de actividad cada vez mayor. Esta necesidad de desarrollo hace que los niños se sientan atraídos por las actividades de movimiento y, en particular, aquellas que requieren cierto nivel de exactitud y precisión.

De lo concreto a lo abstracto

Progresión a la vez lógica y adaptada al desarrollo. En primer lugar, se le presenta al niño un objeto concreto que representa una idea abstracta, por ejemplo, el tamaño o el color. Por medio de esta experiencia práctica, el niño comprende la idea inherente al objeto y una idea abstracta se forma en su mente. A medida que el niño se vaya desarrollando, será capaz de comprender la misma idea de manera simbólica.

De lo simple a lo complejo

Este principio se utiliza en la secuencia de presentación en un aula Montessori. En primer lugar, se les presenta a los niños un concepto o una idea en su forma más sencilla. A medida que van progresando y son capaces de realizar conexiones más complejas, pueden comprender informaciones menos aisladas.

Disciplina interior

Se trata de la autodisciplina. En un aula Montessori bien gestionada, la disciplina no es el resultado de la autoridad del profesor ni de los castigos o las recompensas. Proviene de cada niño, que puede controlar sus propias acciones y realizar elecciones positivas sobre su conducta personal. La autodisciplina está íntimamente relacionada con el desarrollo de la voluntad.

Edades mixtas

Una de las características del método Montessori es que los niños de todas las edades trabajan juntos. La agrupación por edades se basa en los niveles de desarrollo. Los niños de 3 a 6 años van a la Casa de los Niños; los de 6 a 9 años están en el primer ciclo de primaria, y los de 9 a 12 años, en el segundo ciclo de primaria. El trabajo individual permite que los niños progresen a su ritmo; cooperan en lugar de competir.

Ejercicios de la vida práctica

Uno de los cuatro campos de actividades del ambiente preparado de la pedagogía Montessori. Los ejercicios de la vida práctica se parecen a las labores diarias del hogar: barrer, limpiar el polvo, lavar los platos... Estas actividades prácticas ayudan al niño a adaptarse a su nueva comunidad, a aprender a autocontrolarse y a verse como un contribuyente del grupo social. El niño desarrolla su inteligencia trabajando con sus manos; se traza su personalidad y se armonizan su cuerpo y su mente.

Embrión espiritual

Los tres primeros años de vida constituyen un periodo de creación cerebral, al igual que los nueve meses pasados en el útero son un periodo de creación física. El cerebro debe experimentar para desarrollarse. Tras el nacimiento, el desarrollo mental es tan considerable que Maria Montessori llamaba al niño de edad temprana un «embrión espiritual».

Enriquecimiento del vocabulario

El vocabulario de los niños se enriquece mucho entre los 3 y los 6 años. Para alimentar su necesidad natural de nuevas palabras, se le facilita vocabulario, por ejemplo, términos procedentes de los campos de la biología, la geometría o la geografía, o también palabras atribuidas al material sensorial. La mente absorbente del niño asimila rápidamente todas esas nuevas palabras.

Esfuerzo máximo (ver máximo esfuerzo)

Explosión de competencias

El desarrollo humano no se realiza necesariamente de manera progresiva, «lenta pero segura». A veces, la información se adquiere de forma repentina y explosiva. Estas explosiones de competencias son la manifestación exterior repentina de un largo proceso de desarrollo interior. Por ejemplo, la explosión del lenguaje hablado hacia los 2 años es fruto de numerosos meses de preparación interior y desarrollo cerebral.

Independencia

Las etapas importantes del desarrollo, como aprender a caminar, hablar, etc., se consideran una serie de acontecimientos que permiten que el niño alcance la individualización, la autonomía y la autorregulación. Durante los cuatro niveles de desarrollo, el niño y el joven adulto persiguen una y otra vez ser independientes. Es como si el niño dijera: «Ayúdame a que lo haga solo».

Material sensorial

El material sensorial fue creado para ayudar a los niños a desarrollar y organizar su inteligencia. Este material científicamente diseñado aísla una característica específica: color, forma, tamaño, etc. Este aislamiento permite que el niño concentre su atención en el aspecto en cuestión. Después de manipular varias veces los objetos, el niño se forma ideas claras o conceptos abstractos. Trabajando con el material sensorial, el niño aprende lo que no puede explicarse con palabras.

Máximo esfuerzo

Los niños aprecian las tareas difíciles que ponen a prueba sus competencias. Disfrutan realizando el «máximo esfuerzo». Por ejemplo, un niño pequeño se esforzará por mantener en equilibrio una bandeja con vasos de jugo o llevar una carretilla, mientras que otro en edad escolar preferirá una ecuación complicada a una suma básica.

Mente absorbente

Mente capaz de absorber los conocimientos de manera rápida y sin esfuerzo. Maria Montessori hablaba del niño, desde el nacimiento hasta los 6 años, como una mente absorbente.

Mente matemática

Todos los bebés nacen con la mente matemática, es decir, tienen una inclinación por aprender las cosas que mejoran su capacidad para ser precisos y ordenados, así como para observar, comparar y clasificar. El ser humano presenta una tendencia natural a calcular, medir, razonar, resumir, imaginar y crear. Sin embargo, esta parte vital de la inteligencia necesita ser guiada para desarrollarse y funcionar correctamente. Si un niño no practica su mente matemática, su subconsciente no la aceptará en el futuro.

Normalización

Si un niño vive periodos repetidos de concentración espontánea en una tarea elegida por él, empezará a mostrar señales de un desarrollo «normal»: el gusto por el trabajo individual y la tranquilidad, así como el apego a la realidad. Los niños que llamamos «normalizados» son más felices: son entusiastas, generosos y considerados. Toman decisiones adecuadas en su trabajo, lo que refleja su nivel de desarrollo.

Obediencia

Acto voluntario que se desarrolla poco a poco y que aparece de manera inesperada al final de un largo proceso de maduración. Mientras se establece este desarrollo interior, un niño puede ser en algunas ocasiones obediente, pero también mostrarse incapaz de manera constante. Gracias al ejercicio de sus decisiones, su voluntad se desarrolla y el niño aprende la autodisciplina y el autocontrol, que son necesarios para la obediencia.

Periodos sensibles

Los niños pequeños viven periodos sensibles pasajeros y sienten una necesidad incontrolable de realizar actividades específicas relacionadas con estas sensibilidades. Un niño en un periodo sensible mostrará una concentración espontánea cuando se implique en una actividad vinculada a una sensibilidad particular. Por ejemplo, un niño en un periodo sensible del orden se verá atraído por las actividades que tengan que ver con el orden. En un estado de concentración máxima, es posible que repita la actividad de forma continua, sin recibir una recompensa externa ni ánimos. Los niños pequeños se ven atraídos de manera natural por los aspectos específicos del entorno que corresponden a sus necesidades de desarrollo.

Presentación

En un ambiente Montessori, el adulto no enseña de manera tradicional, sino que muestra a los niños cómo utilizar toda una variedad de objetos y, a continuación, les deja libertad para explorar y experimentar. Esta acción de mostrar se denomina «presentación». Para que sea eficaz, debe realizarse poco a poco y con precisión, paso a paso y con las palabras mínimas.

Presentación indirecta

La mente absorbente de los niños pequeños hace que cada acción y cada acontecimiento sea visto como una lección. Los niños aprenden observando cómo trabajan los demás o viendo cómo otro niño aprende una lección y asimilan rápidamente del mismo modo las pautas de conducta y el vocabulario utilizados por su familia, los demás niños e incluso la televisión.

Repetición

El trabajo de los niños pequeños es muy distinto del de los adultos. Cuando un adulto trabaja, se fija un objetivo y termina cuando lo alcanza; un niño, en cambio, no trabaja para finalizar un proyecto exterior, sino más bien por un objetivo interior. Por tanto, el niño repite una actividad hasta que alcanza ese objetivo interior. Esta necesidad inconsciente de repetir ayuda al niño a coordinar sus movimientos o a adquirir una aptitud especial.

Tendencias humanas

Un concepto central de la filosofía Montessori es que el ser humano manifiesta ciertas predisposiciones universales, independientemente de la edad, la cultura o los orígenes. Éstas existen desde tiempos inmemoriales y pueden ser fruto de la evolución.

Trabajo

El largo periodo de la infancia existe para que el niño pueda aprender y experimentar en un ambiente tranquilo. La mayoría de sociólogos hablan de «juego», pero Maria Montessori lo consideraba el «trabajo de la infancia». En realidad, los niños se toman muy en serio este tipo de juego que estimula sus necesidades de desarrollo, si se les da tiempo e independencia. Por tanto, eligen actividades útiles en vez de juegos ficticios e inútiles.

Maria Montessori

**Maria Montessori tuvo una vida
y una trayectoria excepcionales.
La siguiente cronología permite descubrir
las fechas más importantes de su historia.**

Cronología 1870-1952

1870. Maria Montessori, hija única de Alessandro Montessori (1832-1915) y de Renilde Stoppani (1840-1912), nace el 31 de agosto en Chiaravalle, en la provincia de Ancona, en Italia.

1896. El 10 de julio defiende su tesis de doctorado sobre «Las alucinaciones antagonistas» y se convierte en una de las primeras mujeres que obtienen el título de medicina en la Universidad de Roma. Del 20 al 23 de septiembre representa a Italia en el Congreso Internacional de las Mujeres, en Berlín, donde habla acerca de los derechos laborales de las mujeres, en especial sobre la igualdad salarial.

1897-1898. Trabaja durante dos años en la clínica psiquiátrica de la Universidad de Roma. A lo largo de este periodo, descubre los textos de los médicos franceses Jean Itard (1774-1838) y Édouard Séguin (1812-1880), quienes trabajaban con niños discapacitados.

1898. El 31 de marzo nace su hijo Mario (1898-1982), fruto de su relación con Giuseppe Montesano (1868-1951), que era su profesor de psiquiatría en la clínica de la Universidad de Roma. El niño, nacido fuera del matrimonio, es criado en una granja hasta los 12 años.

1899. Maria asiste al Congreso Internacional de las Mujeres, en Londres, donde conoce a la reina Victoria.

1899-1906. Estudia higiene y antropología en el Instituto de Formación Pedagógica para Mujeres de Roma.

1900. Se convierte en codirectora de la Escuela de Ortofrenia de Roma.

1901. Estudia pedagogía, psicología aplicada y antropología en la Universidad de Roma.

1904-1908. Maria Montessori pronuncia conferencias sobre antropología y biología en el Instituto de Formación de la Universidad de Roma.

1907. El 6 de enero, la «Casa dei Bambini» (Casa de los Niños), primera escuela Montessori, abre sus puertas en el número 58 de la Via dei Marsi, en Roma.

1909. Se imparte el primer curso de formación Montessori en Città di Castello, on Umbría, Italia. Maria escribe su primer libro, que publica ese mismo año, en Roma la editorial S. Lafi: *Il Metodo della Pedagogia Scientifica applicato all'educazione infantile nelle Case dei Bambini* (obra publicada en castellano bajo el título de: *El método de la pedagogía científica aplicado a la educación de la infancia*).

1910. Publicación de su segundo libro, *L'antropologia pedagogica*, por la editorial Vallardi de Milán.

1911. Maria abandona su cargo de profesora en la Universidad de Roma, así como su consultorio médico privado para dedicarse por completo a la educación. El método Montessori, llevado a la práctica en algunas escuelas de Inglaterra y Argentina, empieza a emplearse en escuelas de Suiza e Italia. Otras escuelas Montessori abren sus puertas en París, Nueva York y Boston.

1913. Tiene lugar en Roma el primer curso internacional de pedagogía Montessori, con el apoyo de la reina de Italia, Margarita Teresa de Saboya. Reúne a estudiantes de todo el mundo que reciben formación del método Montessori. Maria Montessori realiza un primer viaje a Estados Unidos, donde funda la Montessori Educational Association. Esta cuenta, entre sus miembros, con Alexander Graham Bell y su esposa Mabel Bell, el periodista Samuel Sydney McClure y Margaret Woodrow Wilson, hija del presidente de Estados Unidos.

1914. Segundo curso internacional en Roma. Se publica el tercer libro de Maria Montessori, *Dr. Montessori's Own Handbook*, en Nueva York.

1915. Maria viaja por segunda vez a Estados Unidos, acompañada en esta ocasión de su hijo Mario. Durante la Exposición Internacional de Panamá-Pacífico, en San Francisco, se instala un aula Montessori de cristal, que permite que los visitantes observen a los niños.

1916. Se instala en Barcelona tras ser invitada por el ayuntamiento. La ciudad condal será su lugar de residencia principal hasta el golpe de estado militar del general Franco, en 1936, que marcó el inicio de la guerra civil. Cuarto curso internacional en Barcelona. Abren en la ciudad varias escuelas modelo Montessori y una capilla para niños, así como un instituto de formación para educadores, todo ello con el apoyo del Gobierno catalán. Se publica en Roma su cuarto libro, *L'autoeducazione nelle Scuole Elementari*.

1919. Tiene lugar en Londres un curso de formación Montessori, siguiendo el formato que se convertirá en la norma: cincuenta horas de conferencias, cincuenta horas de formación práctica y cincuenta horas de observación de cursos Montessori.

1920. Conferencias en la Universidad de Amsterdam.

1921. Cursos de formación Montessori en Londres y Milán. Junto con Béatrice Ensor y Adolphe Ferrière, creación de la New Educational Fellowship (conocida hoy con el nombre de World Education Fellowship), asociación centrada en la educación y la pedagogía. Maria Montessori es una de sus miembros activos y participa en animados debates con los pedagogos reformadores más importantes de la época, como Jean Piaget, John Downey y Roger Cousinet.

1922. Publicación en Nápoles de *I bambini viventi nella Chiesa*, primer libro de Maria Montessori sobre la liturgia católica desde el punto de vista de los niños.

1923. Cursos de formación en Londres y los Países Bajos. En Viena, Austria, Maria Montessori visita por primera vez la Haus der Kinder, una Casa de los Niños creada el año anterior, gracias a Lili Roubiczek. Inicio de una amistad y colaboración con Lili Roubiczek (más tarde Peller) y Lisl Herbatschek (más tarde Braun), entre otras.

1924. Curso de formación de cuatro meses en Amsterdam. Encuentro entre Maria Montessori y Benito Mussolini (en el poder desde 1922), que conduce al reconocimiento oficial y la instauración generalizada de las escuelas Montessori por el Gobierno italiano.

1925. Curso de formación en Londres. En él, Mario Montessori, hijo de Maria, obtiene el diploma Montessori.

1926. Estancia de Maria Montessori en Argentina. Presenta su libro *Educación y paz* en la Sociedad de Naciones, en Ginebra, Suiza.

1927. Maria Montessori es recibida en la corte real de Inglaterra. Visita por primera vez unas escuelas en Irlanda.

1928. Publicación en Viena del libro *Das Kind in der Familie* (título en castellano: *El niño en familia*), basado en las conferencias que Maria Montessori pronunció en Viena en 1923.

1929. Se construyen en Roma un centro de formación Montessori y una escuela modelo Montessori, Maria colabora con los arquitectos.
Primer congreso internacional Montessori en Helsingør, Dinamarca, sobre el tema «La nueva psicología y el programa educativo».
Maria Montessori funda, con su hijo Mario, la Asociación Montessori Internacional (AMI), con sede en Berlín hasta 1935.

1930. Curso de formación internacional Montessori en Roma.
Conferencias en Viena, durante las cuales Maria conoce a la psicoanalista Anna Freud.

1931. Segundo Congreso Internacional Montessori, en Niza, cuyo tema es «Los principios de la psicología de la educación». Cursos de formación internacionales en Roma e Inglaterra. Mahatma Gandhi, guía del movimiento por la independencia de la India, visita unas escuelas Montessori en Roma.

1933. Tercer Congreso Internacional Montessori, en Amsterdam. En Alemania, donde Hitler acaba de acceder al poder, el partido nazi destruye el movimiento Montessori y cierran todas sus escuelas. Cursos de formación Montessori en Londres, Dublín y Barcelona.

1934. Cuarto Congreso Internacional Montessori, en Roma. Sin embargo, las relaciones con el poder fascista se han vuelto muy tensas. Bajo vigilancia policial desde 1932, Maria decide abandonar Italia para instalarse en España. Dos años más tarde, en 1936, el régimen de Mussolini ordenará el cierre de todas las escuelas Montessori.

1935. La Asociación Montessori Internacional (AMI) desplaza su sede a Amsterdam.

1936. Quinto Congreso Internacional Montessori, en Oxford, Inglaterra.
Maria desarrolla los principios de la enseñanza primaria («educación cósmica») y secundaria. Abandona Barcelona en dirección a Inglaterra y, a continuación, a los Países Bajos.

1937. Sexto Congreso Internacional Montessori, en Copenhague, Dinamarca.

1938. Séptimo Congreso Internacional Montessori, en Edimburgo, Escocia.
Durante un discurso en la Sorbona, en París, Maria lanza un llamamiento a la paz mundial.

1939-1946. En 1939, Maria y su hijo Mario son invitados a la India por la Sociedad Teosófica de Madrás, para impartir un curso de formación de tres meses. En aquel entonces la India era una colonia británica. Pero como en 1940, Italia formaba parte de las potencias del eje, los británicos, considerando que Mario y su madre eran ciudadanos italianos, y por tanto enemigos, ordenan la detención de Mario y el arresto domiciliario de Maria. Por suerte, como el virrey de las Indias siente mucho respeto por Maria Montessori, permite la liberación de su hijo el mismo día en el que ella cumple los setenta años. No obstante, no pueden abandonar el país hasta que finalice la guerra. Maria y su hijo dedicarán la mayor parte de ese tiempo a impartir cursos de formación Montessori: en Madrás, Kodaikanal, Karachi y Ahmedabad, en la India, y también en Ceilán. Además, Maria Montessori desarrolla el plan de «educación cósmica» con la ayuda de Mario.

1946. Regreso de Maria y Mario a Europa. Curso de formación Montessori en Londres.

1947. Maria funda un centro Montessori en Londres. Regresa a Italia. Renace la sociedad Montessori y las escuelas vuelven a abrir sus puertas.
Regreso a la India, donde imparte un curso de formación en Adyar.

1948. Cursos de formación en Ahmedabad, Adyar y Pune; conferencias en Bombay. En Gwalior, India, Maria supervisa la apertura de una escuela modelo para niños de hasta 12 años.
Visita del instituto de formación Montessori y de la escuela modelo de Colombo, en Sri Lanka.

1949. Curso de formación de un mes en Pakistán, ayudada por Mario Montessori y Albert Max Joosten. Regreso definitivo a Europa.

1950. En Florencia, Italia, Maria Montessori pronuncia un discurso en la conferencia general de la Unesco. Conferencia internacional que celebra el 80° aniversario de Maria Montessori en Amsterdam.

1951. Tercera nominación de Maria (después de 1949 y 1950) para la obtención del premio Nobel de la Paz.
Noveno Congreso Internacional Montessori, en Londres.
Último curso de formación impartido por Maria Montessori, en Innsbruck, Austria.

1952. El 6 de mayo fallece Maria Montessori en Noordwijk aan Zee, Países Bajos, donde está enterrada.

Bibliografía

Si deseas profundizar en el método Montessori o, de manera más general, en las herramientas que se pueden aplicar para vivir en armonía con tus hijos, existe un gran número de libros que pueden aclararte muchas cosas. La siguiente lista es una selección. Aunque, evidentemente, no es exhaustiva, te proporcionará una base sólida en tu búsqueda de respuestas.

Para descubrir los trabajos de Maria Montessori

> Maria Montessori, *El niño. El secreto de la infancia*, Amsterdam, Pierson Publishing Company, 2014.

> Maria Montessori, *La mente absorbente del niño*, Amsterdam, Pierson Publishing Company, 2014.

> Maria Montessori, *El método de la pedagogía científica: aplicado a la educación de la infancia*, Madrid, Biblioteca Nueva, 2009.

> Maria Montessori, *La educación de las potencialidades humanas*, Amsterdam, Pierson Publishing Company, 2015.

Otras publicaciones

> Lesley Britton, *Jugar y aprender con el método Montessori: guía de actividades educativas desde los 2 a los 6 años*, Barcelona, Paidós, 2010.

> Marta Prada, *Educar en la felicidad: Montessori en el hogar, de la teoría a la práctica*, Madrid, Anaya Multimedia, 2019.

> Beatriz M. Muñoz, *Montessorízate: criar siguiendo los principios Montessori*, Barcelona, Grijalbo, 2018.

Otros materiales

> *Gran libro de matemáticas Montessori. De 3 a 6 años*, México, Larousse, 2021.

> *Gran libro de letras y números Montessori. De 3 a 6 años*, México, Larousse, 2021.

> *Gran cuaderno Montessori para descubrir el mundo. De 3 a 6 años*, Barcelona, Larousse, 2019.

> Marine Duvouldy, *Guía Montessori de las emociones*, Barcelona, Larousse, 2019.

Biografía de las autoras

Jeanne-Marie Paynel, fundadora de Voilà Montessori, es asesora parental especializada en educación Montessori, en particular en el hogar familiar, desde el periodo prenatal hasta los 6 años. Su misión es ayudar a los padres a prepararse, crear en casa un ambiente adaptado, tranquilo y constructivo que permita que los niños se realicen, aprendan y sean autónomos. Participa en conferencias por todo el mundo en las que comparte su pasión por la educación Montessori, la disciplina positiva y la crianza bondadosa y respetuosa.

Jeanne-Marie Paynel posee un máster en Ciencias de la Educación y está especializada en la educación Montessori de 0 a 3 años y de 3 a 6 años (diploma AMI).

Si deseas más información, visita www.voilamontessori.com o sigue a Jeanne-Marie en Youtube, Facebook e Instagram, donde comparte su experiencia y pasión por la educación Montessori y la disciplina positiva.

Violaine Perrault es educadora en una escuela Montessori bilingüe de París. Descubrió la pedagogía Montessori en 2009 de la mano de Jeanne-Marie Paynel en Estados Unidos. Después de aprobar las oposiciones de profesora de escuela y de enseñar durante dos años en una escuela pública, convencida de la conveniencia de la pedagogía Montessori, decidió seguir una formación oficial y ejerce en la actualidad como educadora de los más pequeños en una comunidad infantil bilingüe del centro de París.

Violaine Perrault es una apasionada del mundo de la primera infancia, el desarrollo del cerebro y la neurociencia, así como de la disciplina positiva y la educación bondadosa.

Agradecimientos

Queremos dar las gracias a nuestras correctoras, Sylvie y Ophélie Perrault, y a Joël Paynel, por su valiosa ayuda, sus sabios consejos y ánimos.

Asimismo, nos gustaría mostrar nuestro agradecimiento a las familias de todo el mundo que han participado en la elaboración de este libro con sus fotografías:

Anna Christina Jost, del blog www.elternvommars.com;

Enerel Munkhsuren, del perfil de Instagram @mininimoo;

y Nicole Kavanaugh, del blog www.thekavanaughreport.com

Por último, no debemos olvidar a quien dedicó su vida a los niños por medio de sus investigaciones y su trabajo de transmisión: ¡gracias, Maria Montessori!

Esta obra se terminó de imprimir en enero de 2024
en los talleres de Litográfica Ingramex, S.A. de C.V.
Centeno 162-1, Col. Granjas Esmeralda,
C.P. 09810 México, Ciudad de México